中公新書 2480

鎌田浩毅著

理科系の読書術

インプットからアウトプットまでの28のヒント

中央公論新社刊

はじめに

世間には読書術に関する本が溢《あふ》れている。硬軟とり交ぜていろいろなものがあるが、本書の方針を冒頭で述べておこう。この本は「読書があまり得意ではない」人に向けた読書術である。

最近、大学生を始めとして若い人たちがあまり本を読まない。読書そのものに対して苦手意識を持っているとも言えよう。実際、私の教え子の一人は「本を読むのは苦行です」と言ってきた。「読書は人生において代えがたい楽しみ」と思っている私には、ビックリするような発言だった。

だが、理科系出身者の半数以上は、読書についていわく言いがたい苦手意識を持っているのかもしれない。言わば、「心のバリア」を抱えているのである。こうしたバリアを外してから本に向きあうと、意外に読書は楽しいものなのだ。

本書では、本がなかなか読めないと嘆く人に、現状を変える方法を伝授する。タイトルにある「理科系」とは、国語や歴史が不得意だった私が、理系人の代表として、必要に迫られて獲得した読書のノウハウを開示したことによる。ここには、苦労した人ほど初心者に役立つ技術を教えられる、という意味を込めたつもりだ。すなわち、読書が苦手な人のために、読む技術の「基礎の基礎の基礎」を伝授する入門書である。

苦手な人のための読書術＝第Ⅰ部

では、本を読むことが苦手な人は、読書にいかに取り組めばよいのだろうか。「苦行」にしないための対策の一つは、できるだけ楽に本が読める方法を身につけることだ。そのために、第Ⅰ部ではまず、なぜ読書をするのか、もしくは、今なぜ本を読まなければならないのか、をはっきりさせることから始めよう、と提唱する。

読書の必要性が明確になれば、その必要な部分だけを最初に満たせばよい。すなわち、できるだけ楽に読書を済ませて、最低限のノルマをこなすという方法である。これが第Ⅰ部のメインテーマである。

現代社会はすべての人に対して、さまざまな情報を処理する能力を求めている。社会が急速に変化するものだから、それに追いつくためにたくさんの知識を身につけなければならない。そのため膨大な文書を読まされ、時には分厚い本を読破しなければならない。こうなると、読書の苦手な人はさまざまな場面で苦戦を強いられる。現代社会で生き残るには文章が読めることが必須なのだ。

こうした現状を打破する方法論の一つとして、「理系的仕事術」がある。かつて私は『ラクして成果が上がる理系的仕事術』（PHP新書）でそのテクニックを開示したが、本書はその応用編である。つまり、理系的仕事術のコンセプトを応用し、楽して本がスイスイ読める読書術が生まれたのだ。

そのベースには、本が読めない若者の悩み相談があった。私は京都大学で授業を始めて二〇年になるが、教養課程の地球科学を教えるなかで理科系の読書術について語ってきた。具体的には、本の選び方と読み方、整理の仕方、メモの取り方などである。

講義にはQ&A（質疑応答）のコーナーがあるのだが、学生たちの質問を受けてみると意外なことがわかってきた。大学受験を終えたばかりの彼らは、本の読み方をこれまでどこでも教わっていない。しかも、教授たちから指定された分厚い専門書を目の前にして、何の技術もないまま、徒手空拳《としゅくうけん》で取り組んでいるのである。これではいくら京大生と言っても苦手意識を持つのは当たり前である。

さらに彼らは友人同士で、海外文学の古典や哲学関係の思想書を読んだ話をして、若者らしく「読書の背伸び」をしている。それはそれですばらしいことなのだが、ここで読書の技術を持たない学生に劣等感が生まれるのである。

この劣等感には教授として手当てをしておく必要がある。小説の読み方、哲学書の読み方の技術を伝えておきたいと思うのだ。これは大学生のみならず、社会に出たビジネスパーソンやシニア層にも当てはまる。

その一方、これまで読書術について述べた本は、本が好きな人を対象にすることが多く、苦手な人のための水先案内は案外少なかった。読書に苦手意識を持つ人の気持ちがわかっていない「読書練達」の著者が多いのだ。そこで私は、授業では学生たちに、講演会ではビジネスパーソンとシニア層の人々へ、「初心者のための本の選び方と読み方」を指南してきたのである。

本書はもう一つ、過去に行ってきた読書案内がベースになっている。私は三冊の読書案内書(『座右の古典』東洋経済新報社、『世界がわかる理系の名著』文春新書、『使える!作家の名文方程式』PHP文庫)を上梓し、『プレジデント』『文藝春秋』『螢雪時代』などの雑誌や新聞に書評を連載している。

そこで私が一番気をつけている点は、新刊と古典・名著とを問わず、また難解な専門書や身近でない科学書も含め、読書の苦手な人の敷居をいかにして低くするか、であった。そのため、初心者の目線を意識して本を紹介しつつ、苦手な人が本を読む際のコツを伝えてきた。言い換えれば、内容紹介と読書術指南の両方を盛り込んだのである。

こうした経験に基づいて、本書第Ⅰ部では、合理的な技術を身につけることで誰でも楽に読書できることを目標とした。さらに、苦手意識が消えるのみならず、読書そのものが好きになることを目指した。

仕事や勉強を効率よく進めるための読書術＝第Ⅱ部

さて、読書にはもう一つ重要な役割がある。情報をインプットするときには読書が欠かせない。本に書かれた長い文章を効率よく読む技術は誰にでも必要である。本書第Ⅱ部では、仕事や勉強を効率よく進めるための、情報処理としての読書術について述べる。これに関しては、私が研究者として行ってきた活動がベースになっているので、経験を少し述べよう。

京都大学に移籍する前の私は、地学の研究者として国立の研究所（通商産業省地質調査所）に一九年ほど勤務していた。そこでは研究と行政を遂行するため大量の文章を読む作業が必要となった。その後、大学での二〇年間は教育と研究が本務となり、足かけ四〇年ほど論文や書籍を読んで仕事をしてきたことになる。

いずれも仕事の中心は大量の文字情報から必要な情報を抽出し、さらにそこから本質を見抜き、推論を組み立て、結論を導く作業であった。すなわち、仕事の最初に情報インプットとしての読書があり、その後に、学術論文や著書にまとめるアウトプットの作業がある。

ここでは、インプットはその後のアウトプットのために必要不可欠な作業であり、そのため私は、こうした目的に特化した読書術を実践してきた。インプットに費やせる時間とエネルギーは限られているので、本から効率的に情報を得るノウハウを身につけざるをえなかったのである。

仕事や勉強を円滑に進めるための読書術、すなわち「アウトプット優先」による読書術が、第Ⅱ部のメインテーマである。第Ⅰ部が「楽しく読む読書術」だとしたら、第Ⅱ部は「効率よく読む読書術」と言ってもよいだろう。実は、先に挙げた『ラクして成果が上がる理系的仕事術』には、アウトプット優先の考え方が基本にあるのである。

この点に関連して、木下是雄『理科系の作文技術』(中公新書)もまた理系的仕事術のノウハウを開示している。この本が多くの人に受け入れられベストセラーとなったのは、アウトプット優先の技術として文系か理系かを問わず得るものが大きかったからだろう。

私が研究者として実践してきたアウトプット優先の技術は、科学者だけのものではなく、効率的にビジネスを進める際にも大いに通用すると考えている。書籍・報告書・論文を読みこなす理系的な情報処理技術は、誰にでも役に立つものだからだ。

ここで「理系的」と言うのには根拠がある。私は、理系には本質を抽出するための合理的な知的ノウハウがあると、かねがね主張してきた。個々の現象をミクロに見るのではなく、全体の構造をマクロに把握する方法論で、私はそれを「理系の構造主義」と呼んできた。この理系の構造主義を駆使したビジネス書が、『一生モノの勉強法』（東洋経済新報社）と『一生モノの英語勉強法』（祥伝社新書）である。本書は理系の構造主義と情報処理技術を、読書術に応用したものである。

アウトプット優先の読書術は、科学のアウトリーチ（啓発・教育活動）でもベースをなしている。これは非専門家向けに理系のコンテンツをわかりやすく紹介する仕事だが、膨大な資料を読みこみ、噛《か》み砕いて伝えなければならない。

たとえば、『地球の歴史』（全三巻、中公新書）を書くにあたり、私は自分の専門外を含めて大量の本を読んで、咀嚼《そしゃく》する必要があった。すなわち、難解な文章に出会ってもそれなりに読み解き、内容をよく消化し、期限までにアウトプットする。効率的なインプットをアウトプットに結びつけた集大成とも言える著書であり、ここで得た経験も第Ⅱ部に盛り込んだ。

読まずに済ませる読書術＝補章

さて、本書の最後では読書術の上級編を扱ってみたい。読書が好きになると、誰でも蔵書が増えていく。読書が苦手だった頃《ころ》にはまったくなかった悩みが、新しく生まれるのである。私自身、あるときから読書が好きになったせいで本が次々と増殖し、家のなかに溢れかえった。居住空間を奪い、さらに床が抜ける心配まで生まれ、何らかの対処法が必要となったが、残念ながらうまくいかなかった。「物質」としての本をいかにハンドリングするかは、読書家に必須の技術でもある。

実はここには「一体、自分に必要な本は何だろうか」という根本的な問題が横たわっている。私の試行錯誤の体験をもとに、増えつづける本への対処法を取り上げる。読書術の上級編として「人生で本が持つ意味」を考えつつ、「本に読まれないこと」「本を手放すこと」「真に必要な本を見出すこと」をテーマに論じてみよう。

なお、本書のサブタイトルに挙げた「インプットからアウトプットまでの28のヒント」とは、各章のエッセンスを章扉の裏に「キーフレーズ」で四つずつ提示したものである。先にここを読むだけでも、簡単に全容をつかむことができるだろう。忙しい読者は二八のヒントの「読書」からスタートしていただきたい。

理科系の読書術†目次

第Ⅰ部　苦手な人のための読書術

過去のフレームワークから自由になる
「今、ここで」を生きる読書術

おわりに
201

理科系の読書術

第I部　苦手な人のための読書術

第1章

本と苦労なく向きあう方法

第1章のポイント

・途中で読むのをやめてもいい
・一五分だけ集中して読む
・「2：7：1の法則」で読む
・情報は三つだけ取ればいい

世のなかには読書が苦手な人がたくさん存在する。そうした人は、本を見ると圧迫感を覚えてしまう。たとえば、何かの機会に分厚い本を読まなければならなくなることがある。学生がレポートの課題を与えられたり、ビジネスパーソンが仕事上で読まざるをえなかったりするような場合だ。

あるいは、友人から小説を薦められたとする。貸してくれるのはよいが、それが全八巻だったりする。いずれの場合も、本が好きではない人には大層迷惑な話だ。こうしたとき、どのように対処すればよいだろうか。本章ではそうした人のために福音となる考え方と技術を指南しようと思う。

私の場合、仕事をしていると分厚い縦書きの本が必要になることがある。書店には驚くほど厚い大著があるが、平積みされていることから推測すると結構売れているようだ。経営学、文学、地球温暖化などいずれの分野にも、辞書のようにページ数の多い本が流通している。

そして困ったことに、そうした大部の書物が新聞や雑誌の書評に取り上げられて、「読んでいないと取り残される」かのような状況すら生じている。インターネットが普及して何でも情報が得られるようになったが、紙の本が提供する情報も決して半端なものではない。情報洪水の世のなかでサバイバルが求められているのは、読書の世界も同じなのだ。

ここで何が問題なのかを整理してみよう。読書が苦手な人の悩みは次の五つに大別される。①億劫《おっくう》で読みはじめられない、②読みはじめても最後までたどり着かない、③読む時間がない、④ビジネス書と小説の読み方の違いがわからない、⑤そもそも読書がなぜ大切なのかわからない、である。それぞれについてチェックしていこう。

苦手な人の悩み①「億劫で読みはじめられない」

世のなかには本を読むなど気が乗らず面倒だ、そもそも本を読みはじめられない、という人がたくさんいる。読書に対する「心のバリア(敷居)」は思ったよりも高いのだ。「はじめに」でも少し述べたが、本を読むのが得意と思われている京大生にもそんな悩みを持つ学生は少なくない。

一方、苦手な人が楽になるよう背中を押してくれる技術は確かに存在する。「読書習慣を身につける」という方法だが、毎日少しずつでも本に触れる時間を持つのである。

どんな事柄についても「習うより慣れろ」という格言が通用する。実は、読書も同じで、すぐれた方法を習うよりも、読書そのものに親しむほうが、上達するのである。そして慣れるためには、読書に対する最初の敷居を低くする本を選ぶとよいだろう。読みやすければ推理小説でもビジネス書でも何でもよい。児童書からスタートしてもかまわない。

すなわち、一冊読んでみたらおもしろかった、という感覚が得られる本ならばジャンルやスタイルは何でもよい。こうした経験を積むことが、「習うより慣れろ」の意味なのだ。それが積み重なっていくうちに、読書自体がいつの間にか楽しくなってくるはずである。

ここには、「何ごとも時間をかければおもしろさが見つかる」という知的活動の法則がある。読書に時間を充てるための方策は後ほど述べるが、まず、少しでも時間をかけてもよいと思える本に出会うことが大切なのである。

さらに、そもそも本に手が出ないという人には、常に本を近くに置いておくという方法を勧めよう。テレビのリモコンと本を並べてテレビを見る。スマートフォンと一緒に本を携行する。出かけるときには鞄《かばん》のなかに文庫本を忍ばせておく。トイレにも一冊本を置いておく、等々。

まるでお守りのようにいつでもどこでも本がそばにある状態だ。こうして、手を伸ばせば本に触れられる状況をあらかじめ作っておけば、億劫で読みはじめられないという悩みから解放される。おまけに読書時間が飛躍的に増えていくのである。

なお、スマートフォンと本を一緒に持ち歩くと書いたが、スマートフォンに入っている電子書籍のことではない。物質としての文庫本がよい。というのは、いったん電子書籍を読もうとしてスマートフォンを開くや否や、ゲームに走ってしまう人が多いからだ。

ここで紹介した方法を私は「呼び水法」と名づけている。努力や根性なしに、最初に用意された「呼び水」によって読書を開始できるシステムである。もちろん、テレビのリモコンの横にあるからといって、本を先に読めと言っているのではない。テレビを見終わってから就寝するまでのわずかな時間にページをめくればよいのである。

表紙を眺めるだけでも、本の帯《おび》に書かれた文句を読むだけでも読書したことになる。要するに、読書に対する余計な「心のバリア」が低くなれば十分に効果があったと思えばよいのである。

もう一つ大事なことは、読みはじめても最後まで読まなくてよい、と決めておくことである。次に詳しく述べてみよう。

苦手な人の悩み②「読みはじめても最後までたどり着かない」

本を読みはじめても、途中で投げ出す人は少なくない。そうしてやめてしまったことが嫌な思い出になる。その結果、もともと苦手だった本が、ますます苦手になる悪循環が生じる。

また、本を読みはじめてもなかなか集中できない、という悩みもある。五分も読んだら飽きてしまい、他のことをやりたくなる人である。こういう人には、何時間も本にかじりついていられる「本の虫」と呼ばれる人種が不思議でならない。

最初に結論を述べると、本はちゃんと読まなくてもよいのである。途中で「この本はあまりおもしろくないな」と感じたときは、そこでやめてもよい。たとえば、読み進めていくうちにその本の著者に対して「私とは見方が違う」「価値観や意見が合わない」と思うことがある。さらに「生い立ちがあまりにも違うので共感できない」と発見することもあるだろう。

そういうときには、あっさり読むのをやめてかまわないのである。抵抗感が生まれたことには何らかの理由があるもので、我慢して続きを読む必要はないのだ。同じジャンルでもより頭に入りやすい本はあるので、そうした自分に合う本に乗り換えればよいのである。合わない本に時間を費やすのはそもそも無駄《むだ》であり、そのまま続けていたら読書が嫌いになってしまう。

読書とは自分にとって何らかの「意味」があればよいので、その意味は人と違っても一向にかまわない。本を読むのはそれくらい気楽なものなのだ。いい加減でよいから一番自分らしい読書をすればよいのである。

ここで、読書に関する多くの人たちの思い込みを払拭《ふっしょく》しておきたい。多くの人は、本を読む行為を勉強と同じように捉《とら》えている。本は熟読し、書いてあることをしっかり頭に入れなくてはならない、と考える人は多い。無意識にこうした義務感があり、それが読書を一番遠ざけているのである。

実は私にも「どうしても読めない本」というのはある。買ってはみたものの、読んでも内容がさっぱり頭に入らない。こうした本に出会うことも残念ながら皆無ではない。ここで銘《めい》記《き》すべきことは、読めない本は誰にでも存在するというありふれた事実である。

人でも本でも、相性というものがある。相性が悪ければさっさと諦《あきら》める。どうしても読み進められない本は相性が悪かったと割りきり、相性のよい本に乗り換える。私の経験でも自分に向く本はどこかで見つかるものである。本も人もご縁の賜物《たまもの》で、人生の途上で必ず出会いがある。よって、自分に合わない本は読まないことが鉄則となるのである。

「音楽的な読書」と「絵画的な読書」

実は、本には途中でやめてよい本と、やめられない本がある。そもそもこうした二種類があることから認識していただきたい。途中でやめてよい本は好きな個所から読んでも、飛ばし読みしてもよい。読む間はじっくり読むのだが、どこで中止してもかまわない本である。

これに対して、最後まで読まないと意味のない本がある。たとえば、映画は最初から最後まで見ないと理解できないもので、流れる時間をそのまま体験する。音楽も同じく連続性のある時間を要求するアイテムである。

それに対して、美術館に展示されている絵画はどれから見てもよい。自分の持ち時間に合わせて観賞できるし、好きな絵だけを見てもよい。すなわち、不連続の時間で情報を得られるものである。これと同じく、細切れの時間で読む本がある。たとえ細切れでも、読書が積み重なればそれなりの情報が得られる。

音楽と絵画の違いと同様に、読書にもこうした違いがあることを認識していただきたい。「音楽的な読書」と「絵画的な読書」という二つの異なる読み方である。そして、読書の敷居を低くするためには、絵画的な非連続の読書を受け入れることから始めるとよいのである。

ここで「音楽的な読書」と「絵画的な読書」について少し説明を加えておこう。「音楽的な読書」とは小説など文学作品を読む読書である。冒頭からじっくりと状況や登場人物とつきあいながら、小説の醸しだす世界にどっぷりと浸かっていく。あるいは、推理小説なら、犯人は誰かと思考をめぐらせながらぐいぐいと読み進めていく。手に汗握りながらページをめる場合もあるだろう。

いずれも、印刷された文字を最初から順番に読み進めることを前提にして書かれており、読者もそうした読み方を行う。そして、この読み方にはあまり技術的な要素はいらない。むしろ、余計なことを考えずに、ただ楽しんで読めばよいのである。

これに対して、本書で提案する読書術は、こうした「音楽的な読書」とは対極にある「絵画的な読書」のための技術である。換言すれば、文学作品やミステリー小説以外は、本書の読書術で読んだほうが楽に、かつ効率よく読み進められる。一冊の本を限られた時間で、とりあえず最後まで読破するには、「絵画的な読書」が適しているのだ。

ただし、文学作品でも、「音楽的な読書」ではなく「絵画的な読書」をしたほうがよいときもある。それは長編の作品や古典と言われる文学作品の場合である。たとえば、トルストイ『戦争と平和』やプルースト『失われた時を求めて』など、文庫本で何冊にもなる長編小説を「音楽的な読書」で読みこなすのは容易ではない。

こうした作品を娯楽として楽しんで読むこと自体は大変すばらしいが、一方で「教養」として一部を囓《かじ》り読みすることも大切だと私は考える。まったく読んだことがないよりも、少しでも読み囓ったほうが断然よいのである。

こうした際には、長編の概要と読みどころを示した「あらすじで読む文学作品」のような本が役に立つ。NHK-Eテレの番組『100分de名著』も便利だろう。こうしたメディアを活用する読み方も「呼び水法」の一つであり、「絵画的な読書」を行う場なのだ。そして、そこから文豪の書いた原典に挑戦すればよいのである。

読書の「デバイス」

読書にもデバイスというものがある。デバイスとは、たとえばパソコンで文章を書くときに使うマウスやキーボードのような器具を指す。読書にもこうしたデバイスにあたるものがたくさんある。マウスなどと異なり器具ではないが、これがあると読書がスムーズに行えるようなソフト上のテクニックを、私は「読書術のデバイス」と呼んでいる。

本書では読書を効率的に行うための種々のデバイスを紹介しよう。先ほど挙げた「あらすじで読む文学作品」や『100分de名著』も、長編の概要を簡便に理解するためのデバイスである。

こうしたデバイスはきわめて便利なのだが、「こういうものを利用して古典的作品を読むのは恥ずかしい」と思う人が少なからずいる。しかし、まったく知らずに終わることと比べたら、何を使ってでも知っているほうがよいのだ。

何を隠そう、若い頃の私もこれらを大いに利用しながら、難解な本の内容を知ることができた。読書時間を無限に確保することはできないから、何十巻もある大部の作品の内容は、こうしたデバイスを使ってインプットしてきたのだ。

また、新聞や雑誌などの書評だけを読んで、紹介された実物には達しないこともよくある。しかし、書評を読むだけでも、世のなかでどのような本が書かれて評判になっているかを知ることができる。私もさまざまなデバイスを利用しながら、読書の敷居を低くしてきた。本を読むときに感じる億劫な気持ちを和らげるには、自分に合ったデバイスを普段から持っておくとよいのである。

「耳学問」を利用する

耳学問という言葉をご存じだろうか。人から新しく聞いた話を自分の知識とする方法である。一番身近な耳学問は小学校から大学まで教室で受ける授業であり、「聴講」というように、耳から受け取るコンテンツの割合が大きい。また、友達が教えてくれる知識にも耳学問があり、タメになることもならないこともあるが、自分の人生に重要な情報が入ってくることもある。

時には文章で読むよりも、耳で聞いたほうが頭にすっと入る場合もある。企業などで行われる各種の研修は必ず耳で聞く方法を取り入れている。世間にはこうした耳学問に対して、プラスのイメージを持つ人と、マイナスイメージを持つ人がいる。実際には、耳学問は馬鹿にならない大事な学習技術である。

そして、耳学問は本を読む前の「心の敷居」を低くするために役立つ。あらかじめ内容や評判を聞いていると、あるイメージを持って読みはじめられる。読み進んでいくうちに、そのイメージは次第に変わってくるかもしれない。それでよいのである。反対に、何のイメージもなしに読みはじめると、どんなイメージを持って理解したらよいか迷うこともあるだろう。

こうした場合に、耳学問で何らかのイメージを持っていたほうが、最初の取りかかりが楽になる。「あらすじで読む文学作品」のような本をデバイスとして使うのと同じように、たまたま耳で聞いた話も読書のデバイスとして活用するのだ。

本を読破しても偉くない

「絵画的な読書」を念頭に置くと、そもそも本は一ページ目から読む必要はない。今の自分にとって、関心のあるところだけ読めばよいのである。自分に関係ある内容や、何となく閃《ひらめ》いた個所から始めたらよい。

そして、必要のないところは、どんどん飛ばし読みすればよいのだ。最後まできちんと読む必要はさらさらない。本を飛ばさずに読んだか、最後まで読んだかどうかをチェックされることは、まずありえないし、本を読破することは勲章でも何でもないのである。

また、時間が経ったらわかるようになる本も、世のなかには結構ある。古典と言われるような本がそうだ。世紀の大古典も、自分に関係なかったら無理して読む必要はないのだ。今はご縁がなかったと考えて、あっさり捨てればよい。

そういう本は、だいぶ経ってから役に立つことがある。よって、長い人生の楽しみに取っておこう。あとになってから、自分で再発見するのである。ああそうだったのか、と膝《ひざ》を打つことがある。そのときのために、本棚に置いておくのも悪くはない。

本は、とにかくおもしろいと思うものから、順番に読んだほうがよい。こうしてはじめて、読書時間が活《い》きた時間となる。たとえみんなが薦める本であっても、自分にとってまったくおもしろくなければ身につかない。我慢して読んでも、右から左に抜けていくだけである。これでは活きた時間にはならない。逆に、本当におもしろいと思って読んでいれば、必ず自分自身が成長していく大切な糧《かて》になるのだ。

最初のうちは、できるだけいろいろなジャンルの本に挑戦するとよい。濫読《らんどく》には大きな意味がある。思わぬところに、自分とフィットする書き手がいることもあるからだ。それは小説でもエッセイでも何でもよい。そのような発見は、人生最大の幸せの一つである。

途中で読むのをやめてもいい

「絵画的な読書」はさまざまな効果をもたらす。本を買ってみたものの、手をつけずに積み上がってしまってもよいのだ。というのは、いずれ再び絵画的な読書を開始すればよいからだ。

いわゆる「積《つ》ん読《どく》」という状態で、多くの読書人がこうした状態にある。むしろプロの読書家ほど積ん読に長けている、と言っても過言ではない。一冊の本を読むときも、絵画的につきあえばよい。一〇〇冊の本が詰まった本棚から、絵画的に一冊の本をピックアップすればよいのである。

たとえば、本を読んでいると必ずと言ってよいほど行きづまることがある。こういうときには、いったん休んでもよいが、ジャンルの異なる別の本を読むことで元の本への意欲が活性化することがしばしばある。

読んでいない本が溜まっていくのは、決して悪いことではない。本は生ものではないから腐ることもない。本が溜まると、それだけ楽しみや財産が増えたと考えればよいのだ。本の山を見て満足げにうなずいているのは、学生時代からの私の姿でもある。

苦手な人の悩み③「読む時間がない」

本が苦手な人がさらに困るのは、読む時間がないことである。現代社会ではインターネットやスマートフォンなどの媒体が急速に増えたため、読書の時間が激減した。一昔前までは電車のなかで本を広げる風景が一般的だったが、今は電子機器を覗《のぞ》いている人が大半だ。大学生協でも書籍の売り上げが減りつづけている。また、仕事や娯楽に忙しくて、読書量を増やしたくても時間が取れないと悩む人も少なからずいる。

このための解決策として、集中力を高めるための方法を紹介しよう。「一五分法」という手法だが、最低の時間単位を一五分とし、その間だけ集中するテクニックである。

毎日一五分だけでよいので、読書の時間を日常生活に組み込んでみる。たとえば、朝食後にコーヒーを飲み終えるまでの一五分間をこれに充てる。また、通勤や通学で利用する電車のなかで、一五分だけはスマホではなく本に向きあう。一日のなかで一五分を確保できる時間帯を見つけて、これを必ず読書に充てるのである。

実は「一五分法」は心理学から導かれた手法である。人間の集中力の限界はおよそ一五分なので、これを読書にも応用するのだ。たとえば、テレビドラマを見ていると一五分ごとにコマーシャルが入ることに気づいている方は多いだろう。人間がストーリーに集中できるのが一五分なので、そこでインターバルを置いているわけだ。最低の時間単位を一五分とすれば、その間は何でも集中することができる。

これは私が学生時代に私淑していた地球物理学者の竹内均《たけうちひとし》・東京大学教授（科学誌『ニュートン』初代編集長）から教わったノウハウである。彼はすべての仕事を一五分ずつに分割し、一五分を一ユニットとして膨大な仕事をこなしていった。講義の準備も執筆も読書も休憩も、すべて一五分に区切って行ったのである。

逆に言えば、人間は最低一五分はどんなに辛《つら》い仕事でも集中して取り組むことができる。「とにかく一五分だけ頑張る」という方法で、苦手な読書でも一五分だけならば頑張れるのだ。

あるいは、一五分ずつ次から次へと読む本を替えていくのも、集中力を保つのに非常に効果的である。一五分ごとにゲームをクリアしたような達成感を味わうことが、一五分法をうまく使いこなすポイントなのだ。

世のなかに「時間がないから読めない」という人は多いが、実は無駄な時間を過ごしていることも思ったより多い。その時間を有効利用すれば、読書を習慣化することは可能である。何となくつけたテレビを漫然と見ている時間や、暇に飽かせてスマホを開きネットサーフィンする時間を利用して、本を少し開いてみよう。

本は、電車のなかでも、ちょっとした待ち合わせ時間にも読める。だから本というのは、時間を有効に使うために必須の道具でもある。本を持って歩く習慣、少しの合間に読む習慣さえあれば、かなりの量の本が読めるようになる。

そのためには、普段から読みさしの本を用意しておくといい。たとえば、鞄に一冊、枕元に一冊というように、空き時間が生じたらすぐに続きを読めるようスタンバイしておくのである。読書が苦手な人も、毎日一五分ずつであれば読みさしの本を読み進めることができる。これが一年も蓄積すれば単純に計算しても九〇時間以上になり、大変な読書量となるのである。

本を読みはじめる前の「コツ」

では、いよいよ本を読みはじめよう。だが、本を読む前に、いくつか重要なコツがある。ここで無防備に読書を開始してはならないのだ。多くの人はここを通過してしまい、あとで躓《つまず》くことになる。本を読みはじめる前にやっておくと、その後の読書が楽に行える。

最初に、目次の読み方について述べよう。「目次を読む」と言われて驚く人もいるかもしれないが、目次をどう読み解くかで、本文を読む効率が変わる。つまり、目次の読み方は意外と重要なのである。この作業をしておけば、必要な個所を探すスピードが速くなる。

多くの人は、冒頭にある目次を飛ばしてすぐ「はしがき」「まえがき」や本文を読みはじめるが、これはもったいない。ぜひ目次読みも読書の大事なポイントにしていただきたい。
次に、開いた本をいったん閉じて、本の帯《おび》を見てみよう。書店で本を購入すると、本を取り巻くように紙の覆いが付いている。ここには内容を一言で説明するキャッチコピーなどが刷られており、通例、本の一番下の部分を覆うように巻いてある。ベルト（帯）のように見えるためこう呼ばれるが、袴《はかま》や腰巻《こしまき》とも言う。

この帯は、本のタイトル（題名）と同様に、意外と大事な個所なのである。書店に行くと、さまざまな趣向を凝らした本の題名が目に飛び込んでくる。店頭で見えるのは表紙であって中身ではない。その本がまず手に取ってもらえるかどうかを決めるのは、タイトルの力だ。

さらに、タイトルの脇に小さな活字で添えられたサブタイトルも重要である。タイトルを補完するだけでなく、著者の意向が色濃く反映されていることもある。したがって、サブタイトルはタイトル以上に読者への訴求力を持っている。その反対に、サブタイトルで興味がそそられなければ、その本は自分には合わないと判断できる場合もある。

このように、帯、タイトル、サブタイトルの三者は、本文よりはるかに影響力がある、と言ってもよいくらいだ。私の知り合いの編集者は、帯とサブタイトルをどう作るかにいつも一番頭を悩ませている。売れるかどうかはここにかかっていると考えている編集者も少なくない。帯、タイトル、サブタイトルを眺めるところから読書が始まっていると言っても過言ではないのである。

難しい本は著者が悪い

本を読みはじめてみたものの、難しくて何が何だかわからない、という経験はないだろうか。これに対して私は特効薬を持っている。それは「難しい本は著者が悪い」と考えるのである。一見乱暴なようだが、難しいと思った本の九割は、著者の書き方が悪いと思えばよい。これが、読書の初心者に対して私が声を大にして伝えたい考え方である。大変意外に思われたかもしれないが、ここには本質が潜んでいる。

難しくてかなわないと思った本は、誰にもあるだろう。そんなときには、ただちに読むのをやめるのがよい。もっとわかりやすく書かれた本が、きっと見つかるからだ。

読書は我慢大会ではない。世のなかには、根くらべのために書かれたとしか思えないような、わかりにくい本がある。そんな馬鹿げた本は、さっさと放り出すべきだ。

本を読んでいてわからないことに出会ったとき、自分の頭が悪いからだと考える人が多いが、その必要はない。著者の説明の仕方が悪いのでないかと疑ってみることが重要である。事実、説明が不十分なのは著者の頭が悪いからであり、自分の頭が悪いせいではないということが多々ある。

百歩譲って、すぐれた内容が書かれた本でも、書き方が悪く、初心者に対する表現力が不足している場合には、読んでも頭に入ってこない、ということがよくある。

このことは読書に限らない。一般に本は専門家、学者が執筆することが多いが、多くの学者は自分の専門内容には関心がある一方、どう伝えるかにはあまり関心がない。また、大学教授などになると「先生の話はおもしろくない」と面と向かって言われる機会はまずない。

講演会の講師であれば、下手だと二度と依頼が来なくなるので、本人にもわかる。ところが大学では、学生は単位を取らなければならないから、たとえ講義がつまらなくてもやむをえず聴講する。つまり、教授は聴き手のことを考えないで、講義を延々と続けることができる。

こうした人は本を書くときにも同じ態度で、読み手のことを考えずに自分の関心のままに文章を綴る。これでは読者がわかりにくいと思うのも当然である。

驚くことに、多くの教授たちは、一般人にわかりやすく書くことは恥だと考えている。難しいことが高級だと勘違いしているのだ。そもそも読んでいただくという謙虚さに欠けており、わからない文章が高級とさえ思っている学者も多い。実際に経験した話だが、「素人にわかる文章を書くなんて恥ずかしい」と私に言った文系の同僚がいる。こういう学者には「何をか言わんや」である。

したがって、読んでも意味の通じない文章は書いた人が悪い、と考えて差し支えない。読むに値しない文章から早く離れるのが一番大切なことである。

だから、自分に合わない本は、すぐに読むのをやめよう。そして、自分に合ったわかりやすい本に出会うまで、本はどんどん取り替えてよいのである。本の探し方、選び方については第5章であらためて詳しく解説する。

苦手な人の悩み④「ビジネス書と小説の読み方の違いがわからない」

ビジネス書、知識習得本、教養書、小説、趣味本などジャンルの異なる本の読み方の違いがわからない、という読者がいる。多くの人にとって身近な本の第一は小説だろう。また、ビジネスパーソンや学生には、仕事や勉強のノウハウが書かれたビジネス書がある。ここではビジネス書と小説の読み方の違いについて述べよう。

「音楽的な読書」と「絵画的な読書」の話題で少し述べたように、ビジネス書と小説の読み方は違う。ビジネス書の読書には目的がある。すなわち、何らかのテーマについて学ぼうとして、本を手に取る。よって、目次に従って必要な個所を斜め読みすれば目的を達成できる。中身をすべて読む必要はなく、大体の筋がわかればよい。

一方、小説を読む意味はまったく異なる。小説は読むこと自体が楽しみだから、まとまった時間が必要となる。しかも、飛ばし読みではおもしろさが半減するので、読了に必要な時間を作る工夫が要る。たとえ細切れの時間しかなかったとしても、毎日続けて読める時間帯を確保できれば、小説をゆっくりと読み進めることが可能となる。

そもそも小説の魅力とは、全体のプロットと登場人物や事件を丁寧に追いかけることにある。それらを同時進行で楽しむことが、自分だけの貴重な読書体験となる。

寝床で目が覚めてから起き上がるまでの数分間、好きな小説を読むことにしているという人がいる。時には二〇分になってしまうこともあるが、朝食の時間を短縮することで吸収しているという。

これは、小説に熱中するにはきわめてすぐれた時間帯であると思う。枕元に長編小説を置いておき、夜寝る前に読む人も多いが、途中で眠くなって筋がわからなくなることがある。その点、朝の時間を充てるとフレッシュな頭で集中して読めるので、小説好きには意外とよい時間帯なのである。

さらに、もう少し読みたいところでやめるのも、朝の忙しい時間に向いている。というのは、いったん中断すると逆に続きを読みたくなるからだ。モチベーションが明日へ続くし、記憶にも鮮明に残る。こうした「朝の読書法」を自分で開発するのもおもしろいのではないだろうか。

「2：7：1の法則」で読む

本が苦手な人は、買った本はすべて読まなければならないと思っている。それも最初から最後まで、さらに、書いてある内容はきちんと理解しなくてはならないと思い込んでいる人が少なくない。しかし、すべてを吸収することはもともと誰にも不可能で、そうした思い込みが読書を遠ざけているのである。

実は、読書は人づきあいと似ていると私は考えている。書物との「よいコミュニケーション」を取れるかどうかが大切なのである。

人間関係のコツに「2：7：1の法則」というものがある。自分とつきあいのある一〇人を考えてみよう。そのうち二人は何を話しても許され、けんかしても仲直りできる人間関係がある。自分と考えや趣味が非常に近い人であり、親友と言ってもよい。

次の七人は、失礼なことを言ったら人間関係が崩れるが、礼節をわきまえて丁寧につきあえば何の問題もない。一緒に仕事ができる関係の相手で、ビジネスの現場で一番多い人間関係である。さらに、相手の立場を考えて行動すれば、相手にも自分にも利益があるような「ウィン・ウィン」（win-win）の関係も構築できる。

さて最後の一人は、こちらがどんなに真摯《しんし》に対応してもうまくいかない人である。よかれと思って行動しても、いつも裏目に出て相手に文句を言われる。何をやっても誤解され、うまくいかない。これは相手にとっても同じで、非常につきあいづらい人間だと思っている。言わば、天敵のような人間関係である。

こうして周囲の人を分類してみると、そのいずれかに入る。これをもとにして人間関係の対策を練るのである。

親友のような二割の人とは何もしなくてもよい関係を持続できるので、そのままでよい。会えばいつでも楽しいので人間関係は放っておけばよい。

そして、人づきあいのエネルギーは残りの七割の人に費やす。まず相手のことを考えて、互いにうまくいくような言葉遣いやスケジュールを考える。きちんと接することができれば、相手もそのように接してくれる。

ここで大事なのは「相手の関心に関心を持つ」ことである。相手が関心を持っている話題や仕事を取り上げれば、こちらの話に乗ってくれる。反対に、自分の事情ばかり話したら相手は嫌になる。よって、常に「相手の関心」を見きわめるようにすれば、よいコミュニケーションが続く。ビジネスパーソンに必要なのはこの七割の人間関係である。

さて、最後の一割の人に対しては、その存在を初めから認めて、むしろ何もしない。できる限り接することを避け、「敬して遠ざける」のである。というのは、相手にとっても自分は不快なのだから、お互い接触場面が最小になることを考える。よって、最初から「避けるが勝ち」と考える。天敵にあたる人には、無駄に人間関係のエネルギーを使わないことが肝要である。

ちなみに、この「2：7：1の法則」は、私が初期に書いたビジネス書『成功術 時間の戦略』（文春新書）で紹介したもので、京都大学の講義の副読本として用いている。京大生の悩みの半分以上は人間関係によるもので、この法則によって彼らの悩みの大方は解決するのである。

今の学生は最後の一割の人がいること自体を大変気にする。一割の合わない人がいてもよいのかと真剣に悩むのだが、本当はそういう人がいるのが当たり前なのだ。天敵は初めから避ければよいだけのことで、余計な気を揉《も》むのをやめることだ。

こうした「2：7：1の法則」を読書にも応用するのである。世のなかで二割の書物にめぐりあえれば、それだけで人生の幸福への切符を手に入れたことになると言えよう。二割の書籍は一生の伴侶《はんりょ》にもなる。人生を豊かにしてくれて、自分が元気なときも落ち込んだときも、いつも友となる貴重な本たちである。

次の七割は、丁寧に取り組めばそれなりのよいものを自分に与えてくれるような本である。ここでは、読むための技術が要る。本書でこれから詳しく述べていくが、技術があるのとないのとでは、雲泥の差が生じる。よって、七割の本に対しては、人間関係と同様に、前もって技術を身につけてから読みはじめるとよい。ビジネス書の読み方は、この七割向けの読書術にあたる。

さて、最後の一割の本は、どうやってもご縁のない本である。人間関係と同様に、そうした本は存在するものなのだ。どんなに世評が高くとも、尊敬する先生から薦められようとも、合わない本を読むのは苦痛以外の何ものでもない。すなわち、「敬して遠ざける」をここでも実行するのである。

たとえば、仲のよい友人が本を貸してくれたとする。ところが、自分にはあまり合わないか、もしくはまったく読めない種類の本で閉口することがある。こうした際にも「2：7：1の法則」を適用し、どれに属するかを考えてみよう。もし七割の本であれば、自分がおもしろかった一か所だけを話題にして本を返却しよう。不幸にして一割の本だったら、内容には一切触れず「いやぁ、こういう世界もあるんだね」と言って返そう。

友人の機嫌を損ねずに、自分にとって一割の本であることを伝えることができたら、次には七割の本を貸してくれるだろう。七割の本だと思って読みはじめたら二割の一生伴侶になる本だったということもあるだろう。私にとって、大学生のときにフランス帰りの教授から薦められたデカルト著『方法序説』は、そうした本だったのである（詳しくは拙著『座右の古典』東洋経済新報社に述べた）。

本からは三つの情報だけ取ればよい

ここからは効率的な本の読み方を考えてみよう。そのために、書いてあるテーマがはっきりしているビジネス書を取り上げる。

ビジネス書には勉強法、時間術、仕事術、整理術などの言葉が書名に付いているが、いずれも何らかの目的を達成するために書かれた本である。著者はそのテーマに関して、できるだけ内容を網羅《もうら》しようとするから、さまざまな場合を想定して目次が編まれている。たとえば、勉強法であれば、勉強の仕方に関するあらゆる方法を説いてくれる。

一方、読者のほうでは、そのテーマにはじめて接することが多いので、内容が多すぎるということがしばしば生じる。たとえば、目次を見ただけで内容があまりにも多岐にわたっているように見えるので、頭がクラクラすることがある。

こうした場合には、全部を読む必要はまったくない。その本で知りたいと思った内容に絞って拾い読みすればよい。私の経験でも、購入したビジネス書のうち、自分にとって必要な知識はせいぜい一割ぐらいであることが多い。

すなわち、大部分の個所は、すでに知っているか、自分には到底実行できないような方法だったりする。そうした個所を除いていくと、残るのは一〇分の一くらいなのだ。しかも、私はビジネス書とはそういうものだと最初から考えているので、無駄だとは思わないのである。

そこでお勧めしたい読書法は、その本で手に入れたい知識を三つに限定して、それが達成されたら読むのをやめてよい、と決める読書法である。情報の過剰な流入をストップするために、自動制御を作動させるのだ。全部読もうとすること自体、ビジネス書には合っていない読み方なのである。

たとえば、試験勉強の効率的な方法を知りたければ、これに絞って読む。また、留学したいと思ったら、資格試験や海外情報について書かれた個所だけを読む。上司とのつきあい方を学びたければ、人間関係について書いてある個所だけを読む。そして、他の内容は読まずにおくのである。こうして自分に価値のあるものだけを探す読み方を、まず身につけていただきたい。

逆に、読む必要がないところをどんどん省いていくと、ビジネス書を読むことへの敷居が低くなる。特にビジネス書は読破する必要のない本であり、どこから読みはじめてもよいし、どこでやめてもよい。その意味では、ビジネス書は読書の入り口としては、初心者にも入りやすい本と言えよう。

本を読む前に、今の自分が手に入れたい知識は何かをはっきりさせる。これを私は「読書の初動」と呼んでいるが、最初にしっかりと初動を取ると、目的はおのずから達成される。そして読みはじめたら、獲得する内容を三つに限定して、目標を決めて読む。読む前に目次に目を通して、読むべき個所を絞りながら読み進める。

自分が三つに限定した内容が書かれた個所は、もう一回繰り返して読む。そして新しく知った内容をしっかりと頭に定着させる。このとき本にアンダーラインを引いてもよいし、書き込みをしてもよい。さらに、ノートを別に取ってもよい。

とにかく三項目に関しては、今回の読書だけで身につける、と決心するのである。これも初動のうちに入っている。特にビジネス書の読書では最初にこの方法から試していただきたい。なお、読書メモの取り方は第6章で詳しく解説する。

著者の性格を予測する

本の効率的な読み方として、著者の性格を予測して読むという方法もある。ビジネス書の著者は教育熱心なので、多様な読者を想定してさまざまな話題を提供してくれる。ここに、著者の性格がはからずも表れてくるのだ。

たとえば、本を読む場所として、電車のなかがよい人と自室に籠《こ》もって静かに読むほうが好きな人とがいる。著者にも電車がよい著者と自室に籠もる著者の違いがあるのだが、えてして前者の著者は電車内での読書を勧める。すると、後者のタイプの読者は、何かしっくりこない感じを受けるのである。

ここには、著者の性格が如実に表れている。自分と合う著者の本は読みやすいし、合わない著者の本はどうしても気が進まない。こうしたことを観察しながらビジネス書を読んでいくと、自分の状況を客観的に捉えることができる。

すなわち、著者を偉い先生とあがめ奉るのではなく、少し離れた視点からクールに眺めることができる。こうして読みはじめると、一冊の本のなかで、自分に合う個所と合わない個所がはっきりわかってくる。そして、もちろん合わない個所は読まなくてよいのである。小説などと異なり、ビジネス書はどこから読んでもよいし、どこでやめてもよいので、こうした「実験」が可能なのである。

また、著者はどんな人なのだろうかと想像しながら読むと、頭に入りやすい。さらに奥付《おくづけ》（本の最後にある、著者の経歴や過去の著作、出版社の情報が書かれた個所）を開いて、著者の情報を見ると、性格の予測がより的を射たものになる。あとで著者のホームページやブログ、ツイッターを確認してもよいだろう。こうして、本を読む脇で著者の性格を推測しながら読むと、本自体の読み方が深くなる。

実は、著者の性格を知る作業は、生身の人間関係で相手の観察力を高めることにもつながる。これについては、「フレームワーク」という考え方によって次章であらためて詳しく検討する。

苦手な人の悩み⑤「そもそも読書がなぜ大切なのかわからない」

小学生や中学生のとき、夏休みに本を読まされて苦労した経験をお持ちの方は少なくないだろう。課題図書というものがあって、いついつまでに読んで感想文を提出しなさい、という宿題がいつもあった。読書を課題に押し付けられると、嫌いになってしまう人が跡を絶たない。逆に、「読むものぐらい自分で決めたい」と思う人が、のちにすぐれた読書家になったりすることもある。

読書に苦手意識を持つ人に共通する疑問は、「そもそも読書がなぜ大切なのかわからない」というものである。本を読まなくても仕事はできるし、本に書いてあることはインターネットを検索すれば出ているではないかとも思うだろう。

私の回答は、「本は好奇心を満たし、自分の世界を広げてくれるもの」である。読むほどに自分の内面が豊かになり、生きる自信につながる本に出会うことは一生の宝となる。読書の行為そのものは形としては見えないのだが、精神が変化していくきっかけを与えてくれる。

言い換えれば、人生を豊かにしてくれるもっとも安価で効率のよいものが読書なのである。

読書とはすでに知っている九割を確認すること

人が自ら物事を学んでいく過程では、その九割がすでに知っている事柄である。自分の興味のあるところをベースにして、そこからさらに深く学ぶのである。心理学の世界では「認知論」として語られる、学習メカニズムの話である。

そもそも本を読むプロセスとは、その九割がすでに知っていることをなぞる行為である。まず自分が持つ知識を再認識して安心する。著者も自分と同じことを言っていると知り、大いに勇気づけられるのである。これまで自分が持っていた考えには自信がなかったのだが、それが間違っていなかったことを著者に確かめてもらう作業、と言ってもよい。

その上で、自分にとってはじめての情報が頭に入るのである。再確認によって得られる安心感がないと、人は新しい知識を受け入れることが難しい。換言すれば、過去の自分を肯定されてはじめて、知的好奇心が湧きだすのである。頭のなかに新しいことを受け入れるには、それなりの準備が必要であることをまず知っていただきたい。

こうして一冊の本から得られる新知見は、自分の準備状況によって決まる。その結果、新しいことはそんなに頭に入らないのである。たとえば、「そうだそうだ」「これでよかったのだ」と安心してからやっと、「ああ、そういうこともあるのか」と気づく。ゆえに、獲得できる新知見の量は、すでに知っている量の一割程度でしかない。

言い換えれば、森羅万象のなかから何を学ぶのか。そのためにどんな行動をし、経験を積むのかは、自分の持っている知識の量が支配している。したがって、知識の種がないところに、新しい学びはないのである。

未知のことばかり書いてある本は読み進められない

上記の事実は本の選択にも大きく影響してくる。自分が選ぶ本をよく考えなければならないのである。多くの人は本について誤解をしており、新しい情報が満載されていない本には買う価値がないように思う。ところが、知らないことばかりが書かれた本は、なかなか読み進めることができない。

たとえば、学校で指定される教科書は、普通は知らないことばかりが書いてある。これでは読んでも頭が疲れてしまう。教科書は先生の指導の下に読み進めるには便利だが、一人で読むようにはできていない。あまりにも無駄を省いた記述になっているため、独学には向いていないのだ。最初は知っている知識をなぞれるようなレベルで、初学者を意識して書かれた本を選ばなければならないのである。

このことを別の側面から述べてみよう。近年コンピュータが非常に発達し、社会を大きく変えつつある。その一例としてＡＩ（人工知能）が、人間が行う多くの仕事をこなせるようになってきた。こうなると、われわれはＡＩにできないことを見つけ、人間らしい行動をしたいと思うだろう。

本を読む目的の一つに、こうしたときに役立つ知識や考え方を得ることがある。言わば、読書によって、ＡＩに振り回されない生き方を身につけるのである。ＡＩができることはＡＩにさっさと渡す。ＡＩに何ができ、何ができないかを峻別《しゅんべつ》する能力を養うのも読書なのである。そもそもＡＩを動かすのは人間の頭脳であり、その機能を支えるのが読書である。

たとえば、ＡＩに不可能な職業に宗教家というのがあるが、人と直接会って回心をもたらすことは人にしかできない。聖書や『歎異抄《たんにしょう》』を読むことで人は感動し、人生を変えてきた。ここで宗教書や哲学書が果たしてきた役割は、テクノロジーがいかに発達しても変わらない。

すなわち、パターン化した情報の操作はＡＩが得意とするところだが、人生はパターン化できない偶然に満ちている。「想定外」に溢れた地球上で、同じように偶然に満ちた行為を行う生命の動きは、ＡＩには扱えないのである。「そのとき、そのように」臨機応変に対応する力を養うもっとも簡便な方法は、読書をおいて他にないと私は思うのである。

知的活動の基本

「何もないところからアウトプットはできない」というのは知的生産の原理である。さらに、アウトプットの質は、自分がこれまでに行ったインプットの量と質によって決まる。そしてインプットの基本は、第一に「文章を読む力」なのだ。

本は人間が知性を書き残したものであり、読書は昔も今ももっとも効率のよい勉強の手段である。いかなる目標でも、成果を得るには読書を避けて通ることはできないと言っても過言ではない。若いときから読書の習慣を身につけておけば、後年、あらゆる情報を手に入れることができる。幅広いジャンルの書物を繙《ひもと》くことで、教養の間口が広がるというメリットもある。

私も実際には、書店に行っても自分が見るコーナーは決まっていることが多い。けれどもあえて、今まで興味がなかったジャンルの本を見にいくのである。そうした経験から読書に対する世界観が広がる。

何を読むかという読書の傾向は、読み手の人間性に反映される。友人など他人の部屋にはじめて足を踏み入れたとき、緊張感を持って書架に視線を注いだ経験はないだろうか。そこで目にした一冊が、彼もしくは彼女の人物像の印象を左右することも珍しくない。

しかし、最近の学生を見ていると、自分に興味のある分野の本しか手に取らない傾向が強いようだ。少し会話すると、おそろしく知識が偏っていることに不安を覚えるときさえある。読書によって自分をどう構築しアピールするかという戦略に、あまりに無頓着ではないかと思う。

私は大学で二〇年ほど講義をしてきて、若者の読書力が衰えていることを危惧《きぐ》している。すなわち、「読む」という作業は、ひとり読書にとどまらず、相手の気持ちを「読む」、あたりの気配を「読む」、将棋の手を「読む」ことにも通じている。つまり、目に見えないものをどれだけイメージできるかという勝負なのである。したがって、読書力の減退はその訓練の場がなくなっていることを意味するので、活字離れの次元を超えた大きな問題とも言えよう。

かつて私が学生だった当時は、岩波新書の新刊はすべて読むのが当たり前という風潮があった。毎月の新刊だけでなく、当時刊行されていた青版をさかのぼってどこまで読めるか、またそれ以前に出た赤版まで挑戦できるか、などと友人と話題にしていた。

新書御三家と言われた中公新書と講談社現代新書もそうで、こちらのレーベルを片っ端から読破しようとする強者《つわもの》もいた。こうした教養主義的な空気は、今や望むべくもないのかもしれない。しかし、一方で、読書力が衰退している現状は、逆に読書をしている人こそが世のなかで有利であることを意味している。

私の読書体験

ここで私が子どもの頃の経験を述べてみよう。私は学校の図書室が好きで、小学生の頃は図書委員だった。放課後は図書室に入り浸っていた。読んでいたのは『ファーブル昆虫記』や『シートン動物記』などだった。今から振り返ると、それこそ虫や動物が身近に感じられるように、見事にアウトリーチ（啓発・教育）した本だったのだ。

その他には探偵ものも好きだった。子ども版のシャーロック・ホームズ全集やエドガー・アラン・ポーの『黄金虫』が非常におもしろかったので、次々と借り出して読んでいた。子ども向きにリライトした本では、漢字にルビを振ったり、言葉をわかりやすく書き直したりしてある。推理小説は最後まで読まなければおもしろくない。これは大人も子どもも同じで、読むスピードを落とさずに最後まで読ませる工夫がしてある。

子どもの頃に推理小説を読むおもしろさを知り、読書によって世界が広がったのはとてもよかったと今でも思う。後に自然科学の分野に進んだのも、読書によって自分の知らない世界を見たからなのだろう。

自分の知らない世界に出会う際に、読書の果たす役割は現在でも大きい。たとえば、私が東京へ出張するときには必ず本を三冊くらい持っていくが、自分の専門でない本を選ぶことが多い。こうすると、車中の時間は今まで知らなかった世界に出会う貴重な時間となる。隙間時間を有効に使って、自分の世界を広げるのである。

一例を挙げると、ギボン著『ローマ帝国衰亡史』（ちくま学芸文庫）がある。ローマ帝国の重要人物が数多く出てきて、その人生を見事な文章で雄弁に語っている。歴史書であり、人物評伝でもあるというおもしろさが詰まった名著だ。ヨーロッパのローマ時代という、場所も時代も違う世界に触れることができて、好奇心を満たしてくれる。

全部で一〇巻もの大著だから、これを一冊ずつ持って新幹線に乗れば、何か月も楽しむことができる。本は一冊あれば数時間から一日はもつ。巻数の多い重厚な本であれば、時には一年ももつわけだ。特に古典は一冊あれば一生もつ。少ない投資で本がこんなに人生を豊かにしてくれるということは、小学校の頃、最初に知ったのかもしれない。そういう意味で、本は人生にとってきわめて「お買い得」な買い物なのだ。

読書はチャンスを呼び込む

本は人生でチャンスをつかむための触媒である。触媒をたくさん持つことによって、何かのきっかけがめぐってきたときにすばやく反応できる。本を読むことによって、社会を知るアンテナの数が増えるからである。

たとえば、絵画に関する本を読んでいれば、何かの展覧会のチラシを見たときに「行ってみようか」と思い立つ。そして実際に展覧会に行けば、今度はもう少し詳しく勉強しようと、次のステップの読書につながることもある。読書の幅を広げることで、次の大きなチャンスをつかみやすくなるのである。

また、本の最大の魅力は価格が比較的リーズナブルで、簡単にいつでもどこでも読めるという点にある。文庫本を一冊でも手にすれば人生の貴重なチャンスを一つ増やせると言っても過言ではない。まさに読書はチャンスを呼び込む起爆剤なのである。読書に強くなれば、一人勝ちする可能性が高まるのだ。

私の専門である地球科学の立場から見ると、日本は地震や火山の噴火が頻繁に起きる世界の変動帯にある。さらに、国土が狭く地下資源も乏しく、食糧も国民全員を養えるほど十分にはない。大層暮らしにくい国であり、日本には人的資源しかないと言ってよいだろう。本当の資源は頭のなかにあって、その頭を活性化してよいものが引きだされれば、われわれの暮らしは維持していけるのだ。

これから若い人たちが世界に出ていくときには、自分の頭のなかをどう整備するかが一番の勝負どころである。だから私は学生に、できるだけ本を読みなさい、人脈を広げなさい、とアドバイスする。本は世界を広げてくれ、今まで気づかなかった自分の能力を引きだしてくれる。昔も今も、そしてこれからもまったく変わらない真実だ。よって、若い人たちには本を読む習慣をぜひつけてほしいと願っている。そして「自分だけのライブラリーを作れ」と私はいつも説いている。

さて、本章で述べたノウハウを身につけたら、次のステップとして難解な本に挑戦してみたくなる。自発的にではなく、否応なく難しい本を読まなければならない状況もあるだろう。だが、読み方さえ知っていれば、人類の叡智に触れることも決して難しくはない。そこで次章では難解な本や専門書の読み方について、詳しく述べよう。それぞれに特有の読み方があるからである。

第2章

難解な本の読み方

第2章のポイント

- 「小見出し」ごとに読む
- 解説と「あとがき」から読んでもよい
- 「棚上げ法」で読む
- 「不完全法」で読む

第2章では難解な本の読み方について述べよう。難しい本には特有の読み方があるからだ。読み方さえ知っておけば、専門書も決して難解ではないのである。

最初に、読書とはどのような行為かについて、根本から考えてみよう。私は、読書とは「著者と読者とのコミュニケーション」と捉える。すなわち、ここでコミュニケーションがうまくいけば、読書がスイスイはかどるのである。そこで、コミュニケーションの「構造」について詳しく検討してみよう。

フレームワーク法

本が難解なのは、著者と「フレームワーク」が合わないからではないかと、あるとき気がついた。フレームワークとは「考え方の枠組み」「思考パターン」「固定観念」のことである。

人は誰しも固有のフレームワークでものを考えている。よって、フレームワークの合う人同士は話が通じやすく、それが異なる人とは円滑なコミュニケーションが取りにくい。考え方の枠組みが違う場合には、つきあいがうまくいかないのだ。私たちはフレームワークに強く支配されている。たとえば、好きな本ばかり読もうとしたり、いつも決まった結論を下したりするのが、その例である。

私がフレームワークの重要性をはじめて認識したのは、専門の火山学を市民に伝えようとしたときだ。二〇〇〇年三月に北海道の有珠山《うすざん》が噴火し、私は全国ネットのテレビのニュース番組で解説することになった。

私が言いたかったのは、「噴火予知には成功しており、今後も火山学者が観測データを見ているから心配ありません」という趣旨だった。しかし、視聴者には「大学の専門家が怖《こわ》い顔をして、早口でまくしたてている。有珠山に大変なことが起こりそうだ」という、私の意図とは逆のメッセージが伝わってしまった。

ここで私はフレームワークに「壁」があることを知った。市民と科学者とでは、自然現象に対する認識がまったくと言っていいほど異なる。一般市民のフレームワークに通じなければ、科学者の言いたいことは何も伝わらないことを痛感したのである。

よいコミュニケーションのキーポイントは、このフレームワークにある。自分と他人のフレームワークの違いを意識することが、人づきあい上達の秘訣《ひけつ》なのである。自分のフレームワークを相手へ上手に橋わたしできたときに、意思の疎通がはじめてうまくいく。私はこの方法を「フレームワーク法」と名づけた。

この方法を、難しい文章や本を読み解くことに応用してみよう。フレームワーク法は、知的でややこしい抽象的な内容を理解しようとするときにもっとも役に立つ。この能力を身につければ、新聞・雑誌のわかりにくい記事や難解な哲学書を読み解くときにも威力を発揮するのである。どんな著者でも固有のフレームワークを持っている。まず著者のフレームワークとリテラシーを知ることから始めてみよう。

身近でない文章を読み解く「関心法」

世のなかには、なぜか自分には理解しづらい文章がある。しかし、内容に興味が持てないが、読まなければならないレポートや本があるときは、どうすればよいか。

ここでは「相手の関心に関心を持つ」というテクニックを使う。「相手の関心に関心を持つ」とは、相手の置かれた立場や状況に関心を持ってから、考えの中身へ迫ることを言う。どんな著者も何らかの意図や関心があって外部へ意思表示しているのだが、著者の関心にこちらの関心を寄せるのである。ここでは短く「関心法」と呼んでみよう。

「関心法」は、自分に遠い専門分野の新聞記事を読み解くときにも有効である。新聞記事は、起きた事件を事実に沿って正確かつ公平に記述しようとする。そこには記者の感情や価値観を入れないことが前提となっている。そうした前提を念頭に置かないで新聞記事を読むと、おもしろくも何ともないと腹を立てることになる。

さらに新聞記事のなかでも、その記事の掲載されるのが文化面か経済面かで担当者の書き方もフレームワークもまったく異なる。したがって、新聞記者の関心はどのようなものかということをどれだけ推測できるかで、内容の理解度は大きく異なってくる。

この方法は、官僚の文章や裁判所の判決文、代議士の国会答弁を読み解く際にも使える。わかりにくいと言われる官僚の文章も、その人の立場を知り、また官僚のよく使う決まり文句に慣れていけば、文章の意図を理解するのにさほど困難はない。

基本的に官僚の文章は、前例を踏襲したものである。彼らは保守的なフレームワークを維持するのが仕事だから、この点さえ押さえれば、大して難解な内容を述べてはいないことに気づくだろう。哲学書や文学作品のほうが、実ははるかに頭を使って書かれていることが多い。

まず、言葉を分解し、それぞれの機能を明らかにして、全体の内容に迫る。そして、何ごともそうなのだが、最後は慣れである。官僚の文章には型というものがある。それに慣れることが重要である。

私自身、若い頃に官庁の外郭団体（新エネルギー・産業技術総合開発機構）に勤務した経験があるが、一年も経つと誰にも揚げ足を取られない、すなわち、組織をきちんと防衛するような文章が書けるようになった。いったん型が見えてくると、他の役所が出した通達文のポイントも、たちどころにわかってくる。

最近ではＡＩ（人工知能）が凡例を学習して、裁判官よりも的確な指示を出し、官僚よりも正確な文書を作成できるまでに進化した。そもそもＡＩに可能なことは、人間にもできるのであり、型がわかれば誰でも読みこなせるものである。

わけのわからない話をしているように聞こえる国会答弁も、まったく同じ構造である。議員には議員のフレームワークがあり、その範疇《はんちゅう》で相手にもっとも効果的なプレゼンテーションをしている。すなわち、議員同士のフレームワークでやり合っているわけだから、はじめて国会中継を見た視聴者がついていけないのは当然である。

このような場合には、前もって新聞記事などを読んでおき、議員が持つフレームワークを確認しておく必要がある。フレームワークの橋わたしが上手にできるには準備が必要だというのは、この場合も同じである。

ラベル解読法

一見難しい内容のように感じる場合でも、実は難しいのは表面的な言葉だけである。著者の使っている言葉が読者のフレームワークに合っていないので、難解に感じるだけなのだ。もしやさしい言葉に代えてもらったら、内容は実に簡単だということも多い。哲学書であれ、科学書であれ、官僚や政治家の文章であれ、言葉のトリックを知るだけでかなり理解できる。

このフレームワークを決める最大の要素は、そこに込められた言葉の意味である。いわば、それぞれの世界で独自に用いられている言葉の「ラベル」であり、ラベルの背後には著者固有のフレームワークがある。難しい専門用語とは、著者が自分の考えを圧縮して入れ込んだだけのものなのである。

まず、著者が自分のフレームワークに基づいて用いているラベルに照準を当てて、ここだけを解読することから始めてみよう。名づけて「ラベル解読法」である。著者の貼ったラベルの背後にあるフレームワークを解読する、と言ってもよいだろう。ここで、「言葉の意味」ではなく「フレームワーク」をあえてターゲットとする点に注意を向けていただきたい。

たとえば、どの章にも繰り返し用いられるキーワードがあったとする。これは何度も使われているので、意味がよくわからなくても、キーワードであることは形式的に判断できる。英語の文章で、単語の正確な意味がわからなくとも、何度も出てくるので文中で大事な単語であることがわかるのと同じである。このような構造がわかれば、あとは比較的スムーズに読み進めることができる。

キーワードがわかったあとで、気をつけなければいけないことがある。キーワードの字面《じづら》から推測される意味と、文章中での意味とがしばしば異なる場合があるのだ。読者がイメージする内容と、著者がイメージしたものが違っているわけで、読者は何のことを言っているのかわからなくなってしまうのである。

この場合、読者は自分のイメージをいったん忘れ、著者のイメージに合わせなければならない。著者のフレームワークと読者のフレームワークが違っているのは当たり前である。さらに昔の本を読む場合には、時代も常識も異なるので多少面倒なことも多いのだが、読者のほうから合わせてあげればよい。

こうして、常に著者の気持ちに沿って、そのフレームワークに合わせて、本を読み進めるのである。これで、哲学者だろうが宗教家だろうが科学者だろうが、自由に話ができるのである。難解と言われる本の著者特有の表現、すなわち「ラベル」に合わせるのだ。相手のフレームワークに合わせられれば、読書上の問題はほとんど解決してしまう。

ここまでが「ラベル解読法」の原理である。次に、具体的にはどう読めばよいかを述べていこう。

「小見出し」ごとに読む

本の一節を読んでいて、A、B、Cというわからない言葉があったとする。A、B、Cは似たような内容を示しているのだが、違いがよくわからない。このときに辞書を引いて意味を調べるのも一つの方法である。

しかし、私が勧めるのは、わからなくてもそのまま読んでいくことである。意味がよくわからなくても、読み進めればAとBとCに含まれる意味合いが少し違うことを感じ取れる。ここでは、何となくわかった気になることが大切である。

具体的には、本のなかには「小見出し」という区切りが付けられている。普通は二〜三ページに一つくらい、改行して太字で小見出しがある。本書で言えば、直前にある「「小見出し」ごとに読む」、その前の「ラベル解読法」などがそれにあたる。小見出しはその数ページの内容を示したもので、文章の理解を助けてくれる大事なものだ。

この小見出しで区切られた部分を、まず繰り返し読んでみるのである。このなかには段落（英語で言えばパラグラフ）が五〜六個ほど含まれている見当である。

わからない言葉があっても、これくらいの文章は頑張って読んでみよう。ここまで読みこんだら、AとBとCの意味の違いは朧気《おぼろげ》ながらもわかってくるはずだ。難しいと思った本は、こうして小見出しの区切りごとに読み進めていくのである。

私の経験では、こうしたプロセスは一冊の本のなかで最低三か所くらい行っている。こうした個所だけ何回も繰り返して丁寧に読んでいくのである。逆に言えば、他のところはどんどん読み飛ばしている。小見出しごとに読むというのは、初心者にも上級者にも使える便利な読書術なのである。

なお、本書の章扉の裏に載せた「キーフレーズ」は、私が各章で伝えたいポイントを四項目にまとめたもので、言わば「小見出しの集大成」である。「小見出しごとに読む」ことによって全体がよく見え、キーフレーズが頭のなかに浮かぶようになると、読書が速く、かつ楽になる。

ちなみに、難解な（と思い込まれている）古典本を取り上げた拙著『座右の古典』（東洋経済新報社）では、三行のキーフレーズ「Kamata's eye」に読むべきエッセンスをまとめた。いずれも難解な本に対する「心のバリア」を低くするための仕掛けなので、本書もこれらのキーフレーズを読解に活用していただきたい。

解説と「あとがき」から読め

ラベルを解読しようとするときに、奥の手がある。本文を一ページ目から読んで自分でラベルを見つけていくのではなく、最初から著者にちゃっかり教えてもらうのである。実は、ラベルの中身は、解説やあとがきに書いてある。

解説やあとがきには、ラベルの中身だけでなく、著者のバックグラウンドも書いてある。これを知っておくと、ラベルの解読を楽にできることが多い。著者自身を知ることで、著者の思想も理解しやすくなってくるからだ。

したがって、難解な本に出会ったら、最初から本文を読むのではなく、巻末の解説から読むとよい。たとえば、哲学書の文庫本では、巻末の解説に哲学者の生い立ちと思想形成の歴史が詳しく述べられている。中央公論社刊行の「世界の名著」や「日本の名著」のシリーズであれば、最初の数十ページに詳しい解説が載っている（現在では「中公クラシックス」に収録されている）。ここを読むだけでも、キーとなる概念とかなりの内容が理解できる。こうして著者のフレームワークに一歩近づくことができるのである。

一見難しそうな文章も、書き手の人となりを呼び水として読解できる楽しみを知ると、本の世界は一気に広がる。たとえば、哲学者カントの著作を読むときは、先にカントの「ライフスタイル」を知っておく。カントの経歴と具体的な生活を知り、彼が生きていた時代に自分も生きているような気持ちになる。哲学といっても所詮《しょせん》、人としてどう生きるか、という問題についてあれこれ考えた結果なのであるから、人生からかけ離れたことをしているわけではない。

最近、街中で流行《はや》っている「哲学カフェ」は、そのような日常の生活で哲学に親しんでもらおうとするすぐれた試みである。そもそも哲学は考えること、そしていかに考えるかを扱うものだ。名もない市井《しせい》の人でも、自分とは何か、何のために生きているのか、といった本質的な問題について考えていない人はいない。学識の有無を超えて、自分がものを見るときにかけている「メガネ」、つまり固定観念に気づくことが大切なのである。こうした集まりに参加するのも著者のフレームワークを理解する上で便利かもしれない。

身近でない文学作品を読み解く

フレームワークに着目することで、読みにくい文章を苦労なしに解読できる方法がある。

私にとっては、論理的でない文学作品が大変難解なことがある。その代表例は明治時代から昭和初期にかけて活躍した作家の泉鏡花《いずみきょうか》（一八七三～一九三九）である。文豪が書いた古典的な小説を読んでまったく共感できないと、劣等感に苛《さいな》まれる。

詩集も何を言っているのかわからないことが多い。和歌や俳句も同じである。『万葉集』

や『古今和歌集』は私にとっては、哲学書よりもはるかに手強《てごわ》い。逆に、フレームワークの橋わたしを鍛えるためには、訓練に文学書を使ったらよいとも言えよう。私の場合、それが和歌や俳句にあたる。このように、人それぞれにフレームワークの橋わたしが苦手な分野があるのである。

さて、文学作品の場合には、書かれた時代の人々のフレームワークを知る必要がある。たとえば、シェイクスピアの作品を読むときに、そこに書かれた男女関係を現代のフレームワークで読むと大きな誤解をすることがある。現代とシェイクスピアの時代の間に横たわる四〇〇年のギャップにも配慮する必要があるのだ。

つまり、シェイクスピアの時代のフレームワークを先に知っておくと、読みやすくなる。そのために、時代背景などの歴史的な知識を持つことが役に立つ。中国などの古典も同様である。要するに、その時代のコモンセンス（常識）を知り、当時の流行を考えながら読むとよいのだ。

棚上げ法の技術

さて、私は文系の人から「理系的な考え方の特徴とは何ですか？」としばしば聞かれる。こういうときには必ず「棚上げ法ではないでしょうか」と答える。

棚上げ法とは、現在わからないこと、うまくいかないことは無理に理解しよう、完成させようとはせずに、とりあえず先へ進む方法だ。何かを調べていてわからないときに、それを一時的に棚上げして先へ進むことを言う。中身の不明なブラックボックスはひとまず措いて、次の仕事に取りかかるという方法である。

棚上げ法は身近なところでも使いでがある。たとえば、三〇分ほど調べものをしても埒《らち》があかない場合、そのあと五時間を費やしてもわからないものだ。ところが、思いきって棚上げして先へ進んでみると、いつの間にか解決していることがある。全体像が見えてくると別の解決策が見つかるからだ。このように、時間と労力を節約するのが棚上げ法のコツなのである。

これは英文や難しい古典を読む際にも有効なので、具体的に述べてみよう。辞書を引きながら一語一語丁寧に訳していくと、いつしか根気が続かなくなり、全体で何を述べているか判然としないまま時間切れになってしまう。こうした完璧《かんぺき》主義の落とし穴に陥るのを防ぐ方法である。

たとえば、文中に出てきたphilosophyという単語の意味がわからなかったとしよう。全体を通読することを優先し、その単語はとりあえず棚上げして先を読む。そのうち前後の文脈からおおよその意味が判別し、「考え方」のようなものではないか、と推察できるようになる。すぐには「哲学」という訳語に到達できないかもしれないが、それに近い概念を表していることがわかるようになる。

数学で言えば、方程式のなかに変数の x や y を置くことに相当する。よく使われる「代数」という用語自体が、数字の代わりに変数をあてる棚上げ法なのだ。ある時間をかけて進まなければ、それ以上は拘泥《こうでい》しない。

かつて物理学者のアインシュタインが、重力場方程式に宇宙項を作って導入したのもこれと似ている。彼は宇宙が膨張も収縮もしないことを主張するために、その場しのぎの方策として、宇宙項というものをつけ加えた。

これは学者たちにすこぶる評判が悪く、アインシュタイン自身も撤回しようかとずいぶん悩んだそうである。ところが近年になって、宇宙の膨張が加速していることが判明し、アインシュタインの宇宙項が物理学の世界に復活した。

ここで重要なことは、ある時間をかけても進まなければ、それ以上は拘泥しないということだ。困難に直面したときの見切り発車が、棚上げ法のポイントである。

もう一つ、最近の科学の例を挙げたい。ヒトゲノムの解析を思いうかべてみよう。人間のゲノムというのは何十億もあるのだが、世界中の生物学者が寄ってたかって、できるところから解明していった。難しい個所は後回しにする。最初は虫食い状だったが、いつの間にか全部が埋まったのである。

こういう棚上げ法のできる人が、実は科学者向きだとも言えよう。さらに言えば、几帳面で、一つ一つの物事をきっちりと片づけられる人は科学者としてはあまり成功しないのだ。

自然科学の世界には、自分のフレームワークでは理解不能な現象がたくさんあるので、几帳面に一つずつ解決しようとしたら、成功どころかノイローゼになってしまうだろう。アインシュタインが宇宙項を作らなければ、現在の宇宙論の展開は生まれなかった。棚上げ法の名人でもあった彼は、ベートーヴェンのように眉間《みけん》にシワを寄せて、ムンクの「叫び」のような表情をする必要がなかった。それを物語るようにアインシュタインは、舌を出したおどけた有名な写真を残している。

アインシュタインでなくても、われわれも考え込んで頭のリズムを止めてはいけないのである。壁にぶつかった問題の解決に力を注ごうとせずに、いったんストップし、もう少し先を眺めてみるのだ。

不完全法の考え方

その根底にあるのが「不完全法」という考え方である。仕事で一番大事なことは完璧な達成ではなく、最後までやり抜くことだ。われわれ研究者は、データが一〇〇パーセント揃《そろ》わなくても、論文を発表しなければならない。一方、たとえ完璧であっても発表が他人より一日でも遅れたら、評価はゼロになる。よって、不完全なデータでもそれを活かしてどこまで成果とするかに勝負をかける。

ノーベル賞をとるような科学論文でも、当初の計画を完璧に達成して発表されたものは皆無と言っていい。ポイントは、限られた材料でいかに質の高い論文を完成させるかだ。多少のアラがあっても、期限までに許容範囲のクオリティで全体を完成させること。私を含め理系の研究者は、常に「期限」と「質」とのバランスを念頭に置いている。

新しい発想やイメージがどんどん湧きでてくるさなかでも、考えが行き詰まることはよくある。ここで必要なのは、無理にそのアイデアを推し進めようとしない技術である。

ここでは「不完全である勇気」を持つことがとても大切だ。人は誰でも完全を好むが、「見切り発車」がその要諦《ようてい》である。完璧を求めるあまり、不安の底なし沼に陥ることもない。メンタル面においてもすぐれた戦術と言えよう。

そして最後につけ加えたい。「棚上げ法」と「不完全法」は誰にも理解できるが、知っているだけでは価値がない。あらゆる場面でまず使ってほしいのだ。つまり、本書の方法を鵜《う》呑《の》みにするのではなく、この方法で本当にうまくいくものかどうか、日常生活で「実験」していただきたい。もし駄目だったら、さっさとやめればよいのだ。実験しながら確かめるのも科学者の用いる方法だ。そして自分に合った仕事術を編みだすのである。

要素分解法

理系に特徴的な考え方にはもう一つ、「要素分解法」というものがある。この方法は、何か難しいことに直面したら最初にバラバラの要素に分ける、というものである。私は中学生の頃、数学の因数分解を習ったときに、「困難は分割せよ」と教えてもらった。後に研究者になってからも、現場で困難な課題に出会うたびに、小さな要素に分割して解決の糸口をつかんできた。

要素に分けるという考え方は、一七世紀の哲学者デカルトから始まったものである。彼が提唱した、事物を細かく分析する方法論によって、その後の自然科学は飛躍的に進歩することになる。

デカルトは最初に神と物質との分離を行った。つまり精神的な現象と、物質的な事実とを分けたのである。ここから現代の自然科学が始まったのだ。先に挙げた『方法序説』にはその経緯が活き活きと描かれている。

この方法を得てから、物質世界は飛躍的に解明されていった。たとえば、化学の世界では物質を元素に分割していった。その結果、化学合成によってプラスチックなどの新しい材料を作ることが可能になった。生物学では、遺伝子に分解してすべての生物機能を解明しようとしている。近い将来、遺伝子の欠損を修復することによって、病気を根本的に治療することも可能になるだろう。

要素分解法は近代文明をつくるために強大な威力を発揮した。特に、物理学や化学といった基礎科学の重要な基盤となったのである。だが、要素分解法が役に立つのは、科学に限らない。たとえば、観念的な仏教の世界も、言葉を徹底的に切り刻んで理解する必要がある。書かれた言葉を分解して、文中での働きを明らかにすることが大切なのである。

したがって、難解な本を読破するには、棚上げ法と要素分解法の二つが便利である。つまり「わからないことには、さっさと蓋《ふた》をする」と「バラバラにして考える」というテクニックを用いればよいのだ。この二つがあれば、それぞれの世界で権威となっている学者が書いたものが身近になる。こうして著者の頭とのフレームワークの橋わたしを行えばよいのである。

ここまでが要素分解法の原理なので、次にどう読めばよいかを述べていこう。

主語と述語を意識する

読点（テン）がいくつも入ってだらだら続く長い文章をよく見かける。こうした文章を読まされると、私も時には腹が立つことがある。書いた著者が悪いのだが、どう対処すればよいのだろうか。

文章には単文、重文、複文の三種類がある。単文は一つの文のなかに、主語と述語の関係が一つしかないものだ。次に、たとえば「空は青く、山は緑だ」のように、単文を複数並立させたものが重文である。主語と述語のペアが二つ以上含まれていると言ってもよい。

文章の構造には、「桜の咲く春が来た」というように、主語と述語のペアの間に、さらに主述の関係が重なっているものもある。この文の場合は、「春が来た」という主語・述語があり、「春」を修飾する「桜の咲く」のなかにも主語・述語のペアがある。これが「複文」と呼ばれる構造だ。

文章にはこの三種類しかないのだが、下手な著者が書いた文章は、重文と複文、修飾語が入り乱れながら果てしなく長く続く。だが、ひるむ必要はない。主語と述語のペアに印をつけて、単文をひとまとめにして理解しながら読み進めるのである。

ここで、ペアに印を付けるのは、頭のなかで行ってもよい。要するに、主語と述語を確認しながら読むことで、長い文章も理解しやすくなるというコツである。この方法が、要素分解法による読書術である。小学校の国語や中学初年の英語の時間に行ったのと同じ方法なのだが、大人が読みにくい文章を読むときにも活用できる技術である。

発散して読みにくい文章への対処法

もう一つ、読解しにくい文章のパターンがある。話がどんどん展開して、最初の出だしと関係のない方向に行ってしまう文章である。話が発散してまとまりがないため、読んでいて不安になる。たとえば、「カレーの作り方を述べる」と始まった文章なのに、作り方の話はどこかに飛んで、「好きなカレー店の推薦」で終わったりする。こうした文章を読まされても怒りを覚えずに読破する方法はないだろうか。

私の場合、せっかくお金を出して買った本を、怒りのあまり捨ててしまったのでは二重に損だと思うようにする。そもそも、よいことが書いてあると思って購入したのだから、その個所だけでも回収しておこうと思う。書店でパラパラめくって意味があると思ったページの周囲だけでも読む。そして、ここだけ汲《く》み取った後は捨ててもよいと考える。

すなわち、文章の稚拙さには目を向けず、情報として自分が求めていた内容を得ることに集中する。人間で言えば、悪いところを見ずによいところだけ見てつきあう方法である。どんな本にも一か所くらいはよいことが書いてある。その情報がどこにあるかという探し方で、本全体にざっと目を通していくのである。こうしていると、重文や複文が入り乱れるなどの文章上の不備があまり気にならなくなる。

ここで種明かしをしておこう。第1章で「難しい本は著者が悪い」と述べたが、それでも、本を書かせてもらうだけの学識を持った著者なのである。たとえば、よいアイデアや思想は持っているのだが、文章を書き慣れていないのである。

おそらくこの著者は、複雑な論理を書き記すときに、思考をまとめてから文章を書くのではなく、文章を書きつつ思考をめぐらせているのだ。そして、あとで書き直す時間が取れずに、編集者に提出してしまったのだろう。

本来、プロの書き手ならば、こうした未熟な文章は何回も書き直して、はじめての読者でも理解できるようにする。これを「推敲《すいこう》を重ねる」と言うのだが、書く力量が不足している場合は何十回も書き直さなければならない。

しかし、未熟な著者ほどその手間をかけずに、自分が思考したプロセスをそのまま原稿に書いてしまう。それでは読者にとって読みにくいのは当たり前なのだ。締め切りが迫っていたり、書き直す根気がもはや残っていなかったりするとこうした状態に陥る。

何を隠そう、これは他人事でなく私がいつも苦労している点でもある。体力をつけるために筋力トレーニングが必要であるように、文章を書く人にも「脳の筋トレ」が不可欠なのである。他人にもよくわかる文章を書くことはそれほど知的な重労働なのだ。

しかし、脳の筋トレが不十分な著者の書いた本でも、読むに値する文章が存在することも事実だ。こうした事情を理解すると、腹を立てる度合いも少なくなるだろう。つまり、著者に温かい眼差《まなざ》しで思いを馳《は》せると、読みやすくなるものである。本来、「フレームワーク法」は著者の側が十分に練達しなければならない方法なのだが、読者の側でも使いこなしていただきたい。

難しい文章に出会っても、未熟な著者に引きずられることなく、温かく見守りながら、自分に必要な情報を得ることに集中する。私がビジネス書で提唱してきたテクニックの一つとして、「感情を動かさずに目的を達成する」というものがある。というのは、人は感情に突き動かされると、せっかくの理性が働かなくなるからだ。ここで、本を買った所期の目的を思いだして、理性にスイッチを入れるのだ。

一言でまとめると「本を読むのに心は動かすな」となる。ちなみに、これが「目的優先法」という技術である。私のような科学者は、いつも論文になるかどうか考えをめぐらせているので、何に出会っても結構冷静なのである。

第3章

多読、速読、遅読の技術

第3章のポイント

- 速読に向く本、向かない本がある
- 「遅読」のススメ
- 読み方を変えて三回読む
- 続かないのは意志が弱いからではない

私は大学でよく学生たちから、読書の速度や様態について尋ねられる。速読か精読か、長時間読書か短時間読書か、メモを取ったほうがよいか否か、黙読か音読か、などである。

これらについて私は「まず自分のスタイルを確立すること」を重視してほしいと答えている。すなわち、目的がはっきりしていて、視野が広がるような感じが得られれば、どのような様態でもよいのである。

ここでのポイントは、雑多な情報を頭に入れるために読書するのではなく、最終的には「知的生産」という行為が達成されるために読む、ということにある。そのために、読書スタイル自体を自分で「カスタマイズ」することが肝要なのである。本章では、そのために必要な考え方とテクニックについて述べてみよう。

多読と速読

世のなかでは「多読」と「速読」という言葉が使われる。多読とは文字どおりたくさん読むことであり、速読とは速く読むことだ。こうした方法を効果的な技術として捉えると、「多読術」と「速読術」という言葉にもなる。速読術はビジネス書のタイトルとしてもよく見かけるものだ。

ここで、多読と速読の内容を精査してみよう。私が考えるところ、多読とはとにかく本をたくさん読むことであり、それ以上の意味はない。たとえば、年に三冊しか読まない人から見れば、ひと月に三〇冊も読む人は多読家である。だがそれは、かけた時間の分だけたくさんの本を読んだというだけのことである。

つまり、年に三冊しか読まない人とひと月に三〇冊読む人との間に、読み方の差はないように思える。前者は読書があまり好きではない人で、後者は読書そのものが趣味や生き甲斐《がい》になっている人である。

私が思うに、世間には多読に対する強迫観念のようなものがある。読書について尋ねると、読まなければならない本が次から次に現れて、途方に暮れているという人は少なくない。では、人々はなぜ多読にとらわれるのだろうか。

多くの人々は、自分には知識が足りないのではないかという漠然とした不安を持っている。そのため読書の目的を、たくさんの知識を得ることに置いている。読書さえしておけば、世のなかで必要な知識の不足を感じることもなくなるだろうと考えているのだ。

そして、本を読んでいて知らないことに出会うと、これも覚えておこう、あれも知識として蓄えておこうと思う。一冊では足りないから、何冊も、いや何十冊も読んで知識を豊富にしておこうと考えるのである。これが多読への一種の強迫観念を生みだしているのだろう。

ところが、知識とは本来、足りないことに気づいてから探しに行くものだ。読書も同じで、何か目的が生じてから、不足している部分を補うために読むので十分なのである。私自身、こうした必要が生じてからの「穴埋め」的な読書を長年してきたのだが、それで十分間に合っている。こうして、私には多読という亡霊を恐れる必要がなくなったのである。

言い方を換えれば、多読とは知識取得に関する完璧主義が生みだしたものだ。しかし、第2章で述べたように、「不完全法」を実践してみると、そんなにたくさん読まなくても何とかなることがわかる。

昔風に言うならば、百科事典の中身を頭のなかに入れる必要はまったくない。今風に言えば、AI（人工知能）がしてくれることはAIにまかせればよい。百科事典やAIと張りあう必要はさらさらないのである。このように考えてみれば、いずれ多読への強迫観念は消えていくはずだ。

速読には目的がある

速読とは速く読むことだが、実は多読とは質的にまったく違うものだ。先ほども言ったように、年に三冊しか読まない人とひと月に三〇冊読む人とでは、読み方に関する質的な違いはない。単純に、費やす時間が異なるだけなのだ。

ところが、速読で本を読む人と、速読しないで本を読む人の間には、大きな質的な違いが認められる。速読とは何か、多読と比較しながらもう一度よく考えてみよう。

結論を先に言うと、速読には目的があり、多読には目的がない、という大きな違いがある。ちなみに、「結論を先に言う」方法には、「トピックセンテンス法」という手法がある。英語論文の各段落の冒頭で、その段落の内容を端的に言い表したものがトピックセンテンス（主題文）である。最初の数行で方向性を明確に示すのだ。

トピックセンテンスは、英語論文を書くときに必ず置くように心がけなければならないものだ。そして日本語の本でも同じことが言える。トピックセンテンスの内容を先に頭に入れるようにすると、読む速度を上げることができる。

さて、速読には目的があり、多読には目的がないと述べた。多読は先ほども説明したとおり、読書にたくさん時間をかければ読める本も増えていくというものだ。一方、速読とは、ある限られた時間内で一冊の本を読み終えるときに使われる読み方なのである。たとえば、三日後のプレゼンテーションまでに目の前に置かれた六〇〇ページの本を読んで説明しなければならない、という場合だ。

六〇〇ページの本を一年かけて読むのならば、平均して一日に二ページずつ読めばよいのだから、さほど困難ではないだろう。しかし、これを三日で読まなければならないときに、速読術が必要となる。ここから多読とは質的に異なる速読が生まれるのだ。

ところで、速読について学生と話をしていて驚いたことがある。まず、速読という言葉に関して彼らは「一分あたりに読める活字の文字数を増やすこと」と思っていた。しかし、速読はこうした部分的な技法ではなく、全体として一冊の本を、ある一定の時間内に読み終えることを言う。

ここで大事なことは、「全体として、ある時間内に収める」ことであり、「全体」も「ある時間」も、時と場合によって変わってよい。決して「一分あたり何文字」という数字で表せるものではないという点である。

つまり、私が考える速読とは、「著者が述べたい本質を、書かれた文章から速く読みとる技術」なのである。

ここで重要なことは、何でもかんでも速読すればよいのではない、という点だ。仕事の都合で、また試験日の制約から、どうしても読み終えなければならない際に、速読の必要性が生じる。逆に言えば、速読は、やむにやまれず行う読書術であり、ある意味で異端的な読み方なのである。

まさに「必要悪」の読み方が速読術であると考えたほうがよい。世のなかでは、速読に対する思い込みも強いので、最初にこの点を正しておきたい。と言って、速読は誤った読み方かと言ったら、そうではない。

まったく反対で、これほど素敵な読み方もないのである。「やむにやまれず行う」「背に腹は代えられない」「断腸の思いで受け入れざるをえない」(次第に大げさになってきたが)読書術であることを肝に銘じた上で速読術を使えばよい。

言い換えれば、必要悪の読み方なのだとしっかり意識した上で、「確信犯」で速読術を使う。そして使うからには、速読術を縦横無尽に活用して、活き活きと読書を楽しめばよいのである。

速読に向く本、向かない本

では、速読の技術を具体的に語ってみよう。まず速読と聞くと、魔法のように本が速く読めると期待する人がいる。書店に行くと「10分で読む速読術」「日経新聞がサクサク読める速読術」といった題名の本が所狭しと並んでいる。ところどころ参考になることも書いてあるのだが、タイトルを本気にして一〇分で一冊を読もうとしても無理である。

もし一冊を一〇分で読もうとしたら、事前にそれなりの準備が必要となる。いずれは一〇分で読めるようになるにしても、いくつかの技術を身につけて、さらに練習をしなければ、そこには到達しない。では、何がポイントなのだろうか。

まず本には、速く読める本と、速く読むようにはできていない本がある。前者は技術があれば速く読める。一方、後者の本は、速読術を使っても速くは読めない。この違いを最初に認識することが大切である。

具体的には、速く読める本とは、ビジネス書や小説、新書や文庫の類いである。一方、速く読むようにできていない本は専門書と呼ばれるもので、ある内容を体系立ててきちんと構築するように書かれた本である。

速く読めるように書かれた本は、速読術を用いてたくさん読む練習をすれば、さらに速く読めるようになる。先ほど月に三〇冊読む人を例に挙げたが、毎日一〇冊読むこともさほど難しくなくなる。

一方、専門書に対しては、その本に取り組む前に必要なことがある。一言で言えば、ある程度の基礎知識を身につけなければならないのである。今、読もうとしている本の一ページ目から自分の知らない用語が出てきたとする。こうした本では、二ページ目から未知の用語が増えだして、五ページ読んだらまったく理解できなくなって頭が痛くなるだろう。

これは読む順番が間違っていたわけであり、その本に取り組む前に、まず入門書や啓発書を読むべきだったのである。もっとも大事な点は、基礎知識がないとどれだけゆっくり読んでもわからないということである。

つまり、「本が読める」とは「読みながら理解できる」ということで、そのために必須の基礎知識は前もって頭に入れておかなければならない。ゆっくり読んでもわからないのは、速読以前の問題があるのだ。

現在では新書や文庫で、初心者に向けて書かれた本がたくさんある。ちなみに、私の著作の多くは、はじめて地球や火山について学ぶ人のために書いた新書である。入門書や啓発書を何冊か読んである程度の基礎知識が充足されたあとには、最初に選んだ専門書もずっと読みやすくなっているはずである。こうなれば読書は格段に楽しくなってくるのだ。

未知の分野の本は速読できない

読書の最中、人は文字を目で追いながら一瞬で意味を捉えている。つまり、単語や文法などすでに自分の頭に入っている内容に照らして、一つずつ立ち止まって考えることなく文章を理解している。正確に言えば、字面を見た一瞬で文章の全体の意味がわかるのではなく、単語を追いながら、自分のなかですでに蓄積されている知識に照らして意味を把握していく。同時に、今読んでいる内容が自分にとって必要な情報かそうでないかを、瞬時に判断している。もし自分の知らない単語が出てきても、それが今の自分が知りたい知識なのかどうかをチェックしながら文章を追っているのである。これから学んで知るべき知識と思えば、その意味が正確にわからなくても、少し追いかけてみようと無意識に考える。一種の「棚上げ法」を行っているのである。

こうしたプロセスが円滑に進むときに、人はスイスイと本を読みつづけることができる。その反対に、新しい単語がこれから自分にとって必要な知識なのか、必要でないものなのかが見分けられないと、読書はスムーズに進まない。

すなわち、読んでいる内容が自分にとって意味のあるものだという確信が得られなければ、読書を続けることが辛くなってくる。人間は意味があまりない行動を続けられない動物だからだ。

以上のような読書の「構造」を理解すると、速読できるかどうかも自然に決まってくることがわかるだろう。つまり、自分がある程度理解しているジャンルで、知らない単語が少しだけしか出てこないような文章でなければ、速読は成立しないのである。

よって、まだ字を知らない子どもに速読させようと思っても、もとから無理なのだ。また、自分がすでに持っている知識の体系をはるかに超えてしまうようなジャンルの本も、速読は不可能なのである。

「遅読」こそが速読への道

世のなかには本の紹介、すなわち書評を仕事にしている人がいる。書評家と呼ばれる人たちで、年間七〇〇冊を超える本を読む猛者《もさ》だ。単純に計算しても毎日二冊ずつ確実に読んでいる勘定《かんじょう》になり、そこから人に薦める本を選んでいるのだ。

私もその末席に置いていただいているが、その私でも、書評家がいかにしてたくさんの本に目を通しているのか疑問に思うこともある。そうした人にも読書以外の生活があるだろうから、一体どんなスピードで本を読んでいるのだろうかと不思議に思うのも無理ないだろう。

こうした書評家とは反対に、速読どころか読むのが遅いと悩んでいる人は多い。だからと言って悩む必要はない。実は、読書への苦手意識は非常に大切なものである。まず「スラスラ読めない自分」を受け入れてみることから始めよう。速読の反対に「遅読」という言葉がある。速読法が読書界を席捲《せっけん》しているのが現状だが、実は「遅読法」というものも存在するのだ。

ビジネス書などでよく見かける多種多様な速読法とは、情報洪水のなかで溺《おぼ》れてしまわないために、一所懸命に泳ぎきる技術を目指している。流れが速いならば、それ以上に手足を動かして泳ぎきってしまえばよしとする。すなわち、力業《ちからわざ》に頼るような方法であるが、あまりよろしくないと思う。

一方、遅読法とは、こうした激流に対して無視を決め込むやり方である。むしろ、速い流れには近づかずに、マイペースで読書を続ける方法である。実は、こうした遅読がうまくいった先に速読があるのだ。遅読が十分に機能したら、だんだん速く読めるようになってくる。

遅読のポイントは、自分の人生に残る一行に出会うために念入りに読むことにある。現在の自分にとりもっとも本質的な内容が、たとえ一か所でも見つかればよいとする。もし読んでいる本の内容を忘れてしまうのであれば、そのこと自体、自分に必要がなかったのである。まず、意味のある情報をくまなく得なければならない、という強迫観念から、自分を解放しよう。そもそも自分が本から得る価値は、世間の尺度と関係なく、わがままに決めてよいのである。

たとえば、遅読にふさわしい本として古今東西の古典を挙げる人がいるが、教養が身につくからという理由で読みはじめても長続きはしない。やはり、読み進める途中で自分のなかにモチベーションが生まれるようでなければ、読書は苦痛でしかなくなる。本を読むことに対する教養主義的な思い込みが、日常生活から本を遠ざけていたのである。

遅読というのは、速読の反対にただ遅く読めばよいわけではない。遅読とは自分を取り戻す読み方でもある。実は、読書すること自体が楽しい時間を持つこと、と気軽に考えることから遅読の効用が生まれるのである。自分本位で本と向きあう仕方を発見するのも、遅読を行う大切な時間である。

世間の「速読法」は機能しない

先ほど私は、世の速読術のほとんどは強引な力業で、「あまりよろしくないと思う」と述べた。初心者には無用の技術で、むしろ害になると私は考えている。そもそも、速読術の本を読むヒマがあったら、その時間を使って目の前の本を読めばよいのである。一番無駄なのは、方法論に拘泥するあまり、肝心の作業をする時間がなくなることである。

これは、「ビジネス書読み」の人がビジネス書を読むことに溺れて、肝心のビジネスに注ぐ時間とエネルギーが不足してしまうことと似ている。よって、速読術などは最初から諦めて、遅読に徹して時間をめいっぱい活用するほうが、結果的には本を速く読めることになるのだ。

たとえば、速読と似た方法として「斜め読み」という技術がある。これには簡単な方法がいくつかある。たとえば、文章のなかで「つまり、」という表現に注目して、それを先に探す。この言葉のあとには内容の要約が続くわけだから、要約だけを先に頭に入れるのだ。よって、「つまり、」のあとの文章を先に読み、わからなければその前を続けて読めばよい。

こうしたことはちょっと慣れればすぐにできるようになる。すなわち、速読術という分厚い本が教えるような訓練を積んでから行うような技術ではない。ましてや、速読のための細かいマニュアルなど不要なのである。

本書で私が説く技法はこういうものばかりで、ちょっと知れば「ああ、そうか」とすぐに実行できるようなものを用意している。大げさな訓練や長い時間、練習をしなければできないような技術は、そもそも身につくものではない。そんな訓練を行う時間があれば、手に持った本を開くことから始めて、「つまり、」という表現を見つければよいのだ。

私が説いているのは、意識をちょっとだけ変えるようなアドバイスである。多読や速読という世間の言葉に対して、「感受性の角度」を少しだけ変えることで、見える世界がずいぶん変わってくることに気づいていただきたい。第1章で述べた「難しい本は著者が悪い」というメッセージも同様だということにお気づきだろう。

システム変更に伴うロスを最小限にとどめる

新しい技術や技法を身につけることについては、もう一つ重要なポイントがある。速読術も勉強法も同じだが、新しい方法論を導入するにはそれなりの時間とエネルギーを費やすことになる、ということだ。

すなわち、従来のシステムを変更するには代価を支払わなければならないのである。世のなかには、従来のものを新しく変えるならば何でも歓迎すべきだと考える人がいるが、それではトータルに見るとうまくいかない。

ここで、システム変更に伴うエネルギーのロスを最小限にしたいというのが、理科系の技術の根底にある発想である。もし変更に要する代価のほうが大きいのであれば、システムはそのまま変えずにおいたほうがよい。こうしたやり方が科学的な方法論なのである。

もう一度、速読と遅読に話を戻そう。念のため繰り返すが、日常生活のなかで「遅読」がしっかり継続できたところで、はじめて速読を考えるのだ。遅読が身についたあとで、速読という新しい読み方ができるようになる。ここで大事なことは、遅読から速読へ自然に移行する、という点である。世間の「速読法」などを用いて速く読もうとしても機能しないことに気づくだろう。

速読とは「しようとする」ものではなく、「いつの間にか」「ひとりでに」速く読むようになってしまうものなのである。決して、焦って速読へ移行してはならない。

読み方を変えて三回読む

さて、ここからは速読とは少し違った話をしよう。自分にとって読むべき意味のあるジャンルで、その内容をしっかりと頭に入れたいと思う本は、三回繰り返して読むことを勧めたい。三回で読み方をそれぞれ変え、異なる目標を立てて読むのである。

最初は、頭に入る個所だけ目で追いながら、パラパラとめくって本の最後まで目を通す。集中して読むのではあるが、全体として大体こんなことが書いてあったとわかれば十分である。ここで「目を通す」という表現はこの読み方にもっともふさわしいもので、このステージではざっと目を通すことでよしとするのが重要である。

二回目は、自分で「これは重要だ」と意識した個所の前後をしっかりと読む。それまでに持っていた問題意識と結びつくような内容、言い換えればそもそもその本を読もうと思った動機と関わる内容が書かれたページである。たとえば、全一〇章のなかの第三章だけ読もうと決めて、ここに時間をかけて読むのである。

三回目は最初からもう一度通読して、さらに興味があるところを探す読み方である。一回目と二回目では気がつかなかったところが見つかることがよくある。しかも、三回目で発見した個所が、実は自分にとってもっとも必要な内容であることもある。

すなわち、一回目と二回目を通じて、著者のものの考え方に対する理解が進み、自分の求めるものが明確になったのである。これが見つかったら、今度はその個所だけを時間をかけて精読してみる。ここでは、文章を読みながら立ち止まり、自分の考えとの整合性を取ったり、メモを取ったりしながら、熟読してみるのである。ここではもっとも集中的に読む作業を行うことになる。

そして、最後に自分が満足するところまで達したら、読書を中断する。読書はこれからも長く続くのだから、一度に全部を精読できなくてもよい。むしろ、時間を空けて頭をクリアにしながら、続きを読んでいくようにしたほうがよいだろう。そして、自分の頭で考え尽くしたと感じたところで、今回の読書を終了する。

最初の目的とした知識が取得できたところでやめるのでもよい。目的達成も読書の重要な作業の一つであり、達成されたところで一つの仕事は完了する。しかし、読書をしているうちに、新しい発見があり、考えてもみなかったような思考が働きはじめることがある。こうした際には、時間を置いて、あらためて読書を再開することを勧めたい。こうして三回の読書で必要な情報が頭に入るのである。

ここでぜひとも伝えたいことは、内容をしっかりと頭に入れたいのであれば、本を一回で読破しようと思わないでいただきたい、ということである。結局、自分にとって意味のある情報を得たり、考えを深める時間を持ったりすることが、読書の重要な意味となる。さらに、内容をしっかりと身につけたい本を選別することの重要さも、一回目の読書でわかってくる。そもそも自分の人生が変わるような本は、何回も読みたくなるものである。こうした本に出会うことも、三回読むことによって経験できるだろう。

読み方を変えながら三回読むやり方を続けるうちに、三回のそれぞれの意味が次第にわかってくる。これはやってみなければわからず、やってみれば納得できるはずだ。技術とは何でもそういうもので、知るだけで終わるのではなく、まず実行していただきたい。

スランプが来ても抵抗しない

さて、「読書しよう！」と着手したまではよいのだが、途中で挫折する人が後を絶たない。子どもが熱を出したから、プロジェクトのために遅くまで残業をしていたから。読書を妨げる理由はいくらでも出てくる。当初の意気込みはどこへやら、気がつけば元の木阿弥《もくあみ》というわけである。

読書が続かないとき、たいていの人は自分の意志の弱さを責める。これでは、「どうせ自分は……」と自嘲《じちょう》的に愚痴《ぐち》るのがオチである。しかし、三日坊主は、果たして意志だけの問題だろうか。ここで重要になるのが「読書のシステム」作りである。「読書のシステム」とは、心の迷いや劣等感、あるいは勉強に対する嫌気を回避するためのものである。「自分は意志が弱いから」などと余計なことを考えるから、悩みの下方スパイラル（悪循環）に陥ってしまうのである。

読書がうまくいかないときには、自分の意志の弱さを決して責めないでいただきたい。悪いのは自分が作った「読書のシステム」だと思えばいいのだ。システムがたまたま悪かっただけであり、私は何一つ悪くはない。そして、そのシステムはいつでも変えられるのである。

このように、システムを他人事のように、客観的に見ることが大事なのである。同じように、自分が立てた計画も、うまくいかなければいったん自分から切り離して眺めてみよう。

そもそも計画に振り回されるということ自体が考えものである。

スケジュールの遅れがプレッシャーとなり、ペースを乱しては元も子もない。ここで完璧主義者になってはいけない。不完全だからと自分を責めずに、不完全をありのまま、勇気をもって受け入れることが大切である。

その上で、システムに問題がないかを検証してみよう。思いきって、システムを組み直すのも一案である。自分のなかだけの話であるから、誰にも遠慮する必要はない。その際には自分にとって一番やりやすかったり、一番得意だったりすることから着手するように計画するとよい。第1章で紹介した「呼び水法」をここで活用する。

たとえば、すでにスラスラと読みこなせる本から読み直す。言わばウォーミングアップである。ペースが戻ってきたところで、まったく新しい本を読みはじめる。

復習こそが「呼び水法」の最大のテクニックなのである。読書に費やす時間の最初の一〇パーセントぐらいは復習からスタートするのが、上手に軌道に乗せるコツである。ここでうまく動きだしたら、新しいことにもチャレンジできるポジティブな気分が湧きだしてくる。これが「読書をシステム化する」ということである。

しかし、どう頑張ってもまったくやる気が起きない、という事態に直面することもある。俗にいう「スランプ状態」である。スランプは、実は大変重要な脳のシグナルであり、罪悪視すべきではない。どんなすぐれた人物にも、必ずスランプは訪れる。

スランプが来たら、「ようこそ」と言えるくらいの精神状態が、結局は脱出を早める。私の場合にはスランプがやってきたら「しめた！」と思うことにしている。

重要なのは、スランプに陥っても焦らないことだ。スランプは脳による休息命令のサインであったり、今選択している方法に根本的な無理があるというサインである。抵抗せず、素直に従うことである。

計画はうまくいかなかったら変更してもよい。自分にピッタリと合ったシステムができ上がるまで、どんどん変えていく。読書のシステムは、究極的には「自分自身にカスタマイズする」ことが目的なのである。

第Ⅱ部　仕事を効率よく進めるための読書術

第4章

アウトプット優先の読書術

第4章のポイント

- 「知的消費」と「知的生産」を分ける
- 解ける問題から取り組む
- 「割り算法」で読む
- 持ち時間を意識して情報を収集する

「知識は力なり」とは一六世紀イギリスの思想家フランシス・ベーコン（一五六一〜一六二六）の言葉である。知識の源泉は今も昔も読書にあると私は思う。仕事をこなしている最中に、また人生の難題に直面したときに、本から得られる知恵に人は助けられてきたからだ。

本章では最初に、「行動するための読書」を提案したい。私はすべての知識を、消費されていく知識と、結果を出すための知識、の二つに分ける。人生で役に立ち、結果を出してはじめて、行動するための読書が成立する。

結果を出すための知識のポイントは情報の求め方にある。自分が行動するために価値のある情報を集めるのだが、世のなかには二種類の情報がある。インフォメーションとインテリジェンスの二つで、インフォメーションはバラバラな情報、インテリジェンスは雑多なインフォメーションが組み上げられて「意味あるメッセージ」を有する情報である。
フランシス・ベーコンの言う「知識は力なり」という状態に持っていくためには、まずインフォメーションにあたる情報を集めなければならない。しかし、それだけでは不十分で、インテリジェンスまで組み上がってはじめて読書が「活きる」ことになる。

ここで重要なのは、本を読むためのテーマ設定である。一体何を目的として本を読みはじめるのか、自分に対して問いかけるのだ。目的や課題が明確になっていれば、本を効率よく読み進めることができる。私は「目的優先法」と名づけているが、結果を出すための読書は必ず目的がはっきりしていなければならない。

と言って、テーマを最初からあまり狭く絞ってしまうと、最終的なアウトプットが小さくまとまってしまう危険性がある。本を読み進めるなかで自分の視野が広がるように、絶えず頭を「開放」するよう意識を向けなければならない。言わば、知的好奇心が持続するように読書するのである。

もちろん、最初から幅広い視野があるに越したことはないのだが、読書のプロセスで視野を広げることに力点を置きながら読むように意識すると、次第に視野は広がってくるものなのである。

アウトプットを優先する

これまで私が行ってきた研究と執筆で、最大の特徴は何かと問われれば、それはアウトプットを優先した点である。アイデアを具体的な文章や企画にするための効率的な方法論を、私は常々模索し改良してきた。

読書についても、アウトプットという最終生産物のために、途中にあるすべてのプロセスを決定していくのである。目的を先行させると、読書の状況は一変する。アウトプット優先に変えれば、生産性が上がるだけでなく、次のステージを開くインプットへと、読書が変化していくのである。

アウトプット優先の読書術は三つの段階で構成される。①読書による情報の収集と整理、②読書で集めた情報をもとにした創造的な発想、③アウトプットの実行と将来への準備、の三つである。

ひとことで言えば、〝集めて整理する〟〝アイデアを得る〟〝アウトプットし将来へ準備する〟という三つの大きな柱だ。こう捉えれば、アウトプット優先に基づく読書術は誰でも身につけることができるだろう。

「知的消費」と「知的生産」を分ける

最初に、「知的消費」と「知的生産」を区別する点から説明しよう。知的生産とはレポート、企画書、論文、書籍などの文章に知価の高い内容を集積することを言う。

それに対して知的消費とは、本を濫読する、将棋を指す、教養ある会話をするなど、知的な活動ではあるが直接生産に結びつかない活動を言う。インターネットのサーフィンなどは、現代の知的消費の最たるものであろう。

知的消費のなかには教養を積むことが多く含まれており、人生を豊かにする面がある。しかし、これに過度に陥ると知的アウトプットから遠ざかってしまうという弊害も生まれる。

乱暴に言えば、知的生産は理系が目指すものであり、知的消費は文系が得意なもの、といった差異があるのだ。期限の決められたなかで、知的生産を効率よく行う考え方と方法を身につけることが、本書の目指すところである。

このように知的生産と知的消費の違いを自覚することを最初に行っていただきたい。人間の知的活動は多様なので、知的活動をしたからといって情報を生産するとは限らない。囲碁《いご》や将棋はきわめて知的な活動だが、プロの棋士でなければ知的消費である。

どのような行動をしているときにも、現在していることは知的生産なのか知的消費なのかを自分に問う。両方の性質がある場合でも、割合の大きいどちらか一方に決めてしまうのだ。

と言っても知的消費が悪いのではなく、知的生産とはっきり区別するところから情報生産の意味が明確になると言いたいのだ。最初に区別する行動自体が大切である。この行動からアウトプット優先が始まる。まず知的活動に二つの要素があり、知的消費と知的生産という二種類に分けるという発想から始めていただきたい。

「知識の泉」という陥穽

知的消費に関して、英語学者の渡部昇一《わたなべしょういち》（一九三〇〜二〇一七）が非常におもしろい見方をしていた。語学の勉強は危険だというのである。

たとえばギリシャ語やラテン語の勉強を始めると、マスターするのに何十年も費やさなければならない。ギリシャ語やラテン語を用いてアウトプットを行うには、さらに大変な勉学を必要とする。また、ギリシャ語やラテン語の原典を、辞書を引きながら読もうとするのは、一見知的活動をしているようだが、人生全体からすれば成果の出ないことに毎日時間を使っていることになる。

そもそも時間をかけて勉強するという点に落とし穴がある。たとえば、ゲームをした時間は無駄のようだが、それほど問題にはならない。もともと知的消費の時間と思っているからだ。つまり、知的消費は途中経過を楽しむのが目的だから、どこで終えてもよい。プロセスがおもしろければお終《しま》いまで達しなくてもかまわない。

ところが、知的生産を目標にすると、最終成果が得られなければすべてが水泡に帰する。したがって、知的生産にならない勉強をしている時間がもっとも無駄で危険だ、というのである。

これは語学の勉強に限らず、科学者の時間管理でも最重要の課題である。私の場合、仕事のリストを作って、それぞれ成果の見積もりを正確に立てる。一方で、失敗する可能性を書きだし、全体を一望してみる。そして成果の出そうなテーマをいくつかに絞り、残りのテーマはすべて断念するのだ。こうすれば知的生産の結果を上げることができる。換言すれば、知的消費に陥るのを極力避けるのである。私はこの考え方を「一望法」と呼んでいる。

ここで大切なキーワードは、〝不完全〟と〝断念〟である。不完全を許容するとは、目的達成のためにはやりかけの仕事であっても捨てる、ということである。完璧主義から逃れること、と言ってもよい。完璧主義とは自己満足の世界なのだ。もっとよくしよう、と思って必要以上にデータを集めたり思索したりすることにより、自分では満足し安心する。しかし同時に、来るべきアウトプットからは、だんだん遠ざかっていくのである。いったん完璧主義に陥るとそれに気づかなくなってしまう。

そこで、〝不完全〟であることを許容し、切り捨てられた内容は思いきって〝断念〟するのだ。ここが、知的消費と知的生産を分ける最大のポイントであり、この考え方が、第2章でも述べた「不完全法」である。実は不完全主義こそが、効率よく最小限のエネルギーで知的生産を行うための早道なのである。

たとえば、私の研究現場では、データを一〇〇個集めて論文を書きたいというケースがある。ここで、一〇〇個集めたいというのは私の希望であり、自己満足のための数字であることが多い。実際には、七〇個のデータで十分に論文が書ける場合がある。このとき、七〇個のデータは知的生産に必要なものであり、三〇個は知的消費として自分の満足のためのものと判断できる。

これと同じように、読書の際にも完璧主義と自己満足に陥らないようにしたいものだ。必要以上に本から情報を得ようとしないことも、知的生産を楽に長く行うには大切なことなのである。ここまでに紹介した「一望法」「ラベル解読法」「不完全法」は、本書を貫く重要な技法と言ってもよいだろう。

「解ける問題」と「解かない問題」

さて、この章の冒頭で、読書の目的を明確にすることが重要だと述べた。目的をはっきりさせる、すなわちテーマの設定の方法について次に紹介しよう。

ここでは、物理学者の中谷宇吉郎《なかやうきちろう》（一九〇〇～六二）の方法論を紹介したい。東京帝国大学理学部で寺田寅彦《てらだとらひこ》（一八七八～一九三五）から物理学を学び、大きな影響を受けた人物である。のちに低温物理学の世界的研究者となり、北海道大学教授も務めた。

中谷は理系人としては稀有《けう》の文才を持ち、雪や雷に関するエッセイが岩波文庫などに残されている。一般向けに科学の方法論を解説した『科学の方法』（岩波新書）も執筆している。

中谷は最初に科学の限界について述べ、人々が無批判に科学を受け入れることに対して警《けい》鐘《しょう》を鳴らした。彼はこう述べる。

「問題の種類によっては、もっと簡単な自然現象でも、科学が取り上げ得ない問題がある。これは科学が無力であるからではなく、科学が取り上げるには、場ちがいの問題なのである」（『科学の方法』岩波新書、一四ページ）

すなわち、ここで中谷は「解かない問題」の存在を提起しているのだ。

科学者は自然のすべてを解明すると思ったら大間違いで、科学は「自然現象の中から、科学が取り扱い得る面だけを抜き出し」たものにすぎない。世のなかには科学を、宗教を信仰するかのように敬ったり、その反対に闇雲《やみくも》に恐れたり、敵意を抱いたりする人も少なからずいるが、上記の点がわかれば翻弄《ほんろう》されずに済む。

科学は現象を数値で表し、数学を使って一般化する。実は、数値で表すこと自体が、自然を人間の思考形式に当てはめて認識しているにすぎない。中谷が言うように「数というものは、自然界にはないものである。それは人間が、自然界から抽象して作ったものであって、どちらかといえば、人間の頭の中で作ったもの」（同前、一〇五ページ）なのだ。

では、科学の方法にはどういう意味があるのだろうか。私は、自然科学が常に「解ける問題」に集中してきたことにある、と考える。

科学者は、人類が得た知識を総動員して解ける問題を探し、ここに自らの時間とエネルギーと資金を注入して論文を書く。科学者の世界には「パブリッシュ・オア・ペリッシュ」（論文を書くか、さもなくば消え去るか）というフレーズがある。

解けなかった問題をいくら積み重ねても、一編の論文にもならない。生き残った研究者はみな「解ける問題」と「解けない問題」を峻別している。つまり、科学者は知力を絞って「解ける問題」だけを扱ってきたのだ。

世のなかには、いくらやっても解決できないことに多大なエネルギーを注いでいる人がいる。一方、賢い科学者は「解ける問題」から取り組んで実績を作り、「解けない問題」は後回しにする。ここから「解けない問題」は「解かない問題」となる。ちなみに、「解ける問題を解く」という姿勢は私の言う「不完全法」とも調和する。予測困難な未来に対処する上で重要な方法論である。ここには、「できる仕事から先に片づけよ」という、ビジネス書でよく見られる方法論と通じるものがある。

ちなみに、私は学生の頃にこの中谷宇吉郎の『科学の方法』に出会ったが、この本は混沌とした読書生活に埋もれている私に強い印象を与えた。恣意《しい》や感情を排して「解ける問題」に集中する姿勢を教えてくれたからだ。すぐれた科学エッセイでもある本書を、私は学生たちにアウトプット優先の読書術の副読本として薦めている。

時間の枠組みを決める

次に、情報収集に関して述べていこう。知的生産を行おうとする前に、たくさんの資料や情報を集めがちな読者もいるのではないだろうか。その結果、必要以上に集めてしまい、使いもしない大量の情報を溜め込んでしまったことだろう。これは日本人に多いインプット偏重主義である。読書で言えば第3章で扱った多読に対する信仰もこれに当てはまるだろう。

無駄を省き効率的に生産するためには、最初に仕事全体の構造を把握する必要がある。どこが不足していて何を埋めれば完成に近づくのかを、直感的に判断する。これからすべき仕事全体の枠組みを、先に作ってしまうのだ。これが「枠組み法」である。

私の場合、早い時期にでき上がりの枠組みをイメージしてしまう。アウトプットのテーマを見定めて、書く前に全体の構造を決めるのだ。その後、今欠けている情報だけを本から拾い集めて内容を練り上げる。

頭のなかに知識をいくら入れても、使えなければ意味がない。すべての情報を集めてから動くという方法では、使わない無駄な部分が多く出てしまう。全部を入手してからアウトプットに取りかかるという方法は、多分に文系的かもしれない。

この手法は、時間に追われることなく仕事をしたり、じっくりと教養を高めたりするにはよいのだが、生産効率を上げるには得策ではない。当面の課題となっているアウトプットを睨《にら》みながら、枠組みのなかで不足部分だけを手当てする、という方法が効率的なのである。

科学者は何か新しいアイデアを実証しようとして、すぐに実験してみる。その結果を記述して、最後に考察を加え、短い論文を書く。このような数ページの論文を書くときに、研究者はどうしているのだろうか。

アウトプット優先の科学者は、実験する前に、先に論文を書いてしまう。たいていの科学の実験では、すでに同じようなことを先人が行っている。前に実験を行った人は、その手法やデータ、考察を論文に書いてくれている。その構図をそっくりもらって、自分の論文を書くのである。

すなわち、実験結果の数字の個所だけを空欄にしておき、まえがきやあとがき、謝辞の文章まで、書けるところは全部書いてしまうのだ。そして、自分が行った実験で得られた数字をあとで埋めて完成させるのである。現代の科学者たちは、こうして論文生産効率を上げているのだ。

「割り算法」で読書する

枠組み法が役に立つのは、複数の作業を並行して行う「タイム・シェアリング」というシステムを使っているからである。文字どおり時間を区分しながら頭のなかで共有することを意味する。

もともとの語源は、たくさんの人が大型コンピュータを使用する場合に、一度に利用できないから、次から次へと使える時間を区切りながらシェアすることに因《ちな》む。

読書でも同様に、時間を短く区切って頭を使う方法がタイム・シェアリングなのだ。人間の頭脳はコンピュータをはるかに凌《しの》ぐ能力を持っているので、コンピュータよりももっと有効なタイム・シェアリングができる。

知的生産では最初に確認すべきことがある。それはアウトプットの目標と全体の持ち時間である。何をいつまでに達成しようとしているのか、を具体的にはっきりさせるのだ。そのために必要なインプットとしての読書内容を決定し、アクセスする準備を始める。

ここで重要なのは、達成しようとするアウトプットを先にイメージすることだ。まずゴールありき、なのである。アウトプットの量と締め切りの日時から判断して、読書にかける時間を全体の持ち時間から算出する。具体的には、一日に何時間を読書に充てられるのか、そのためには一時間に何ページ読めばよいのかを、持ち時間で割り算しながら見積もりを立てる。これが「割り算法」である。

大学受験の際に、これと似たような経験をした読者もいるだろう。入試の日から逆算し、問題集を一日何ページ進めれば完了するかを計算するのである。ここで、もし時間が足りないとわかれば、問題集を全問こなそうとはせずに、一問おきに解いて最後まで終わらせる方法が最善である。時間がさらに足りなければ二問おきでもよい。

逆に失敗例として、すべての問題をこなそうとして、結果として三分の一くらいやり残してしまうこともあるだろう。また、割り算をした結果、一日にこなすべきページの見積もりが多すぎて、三日くらいで挫折してしまうことがある。これらはいずれも、最終目標を達成できないという点で得策ではない。

大事なことは、最後まで無理なくやり通せるように、余裕を持ってページ数を割り振ることである。多少中身が薄くなってもよいから、最後まで行き着くようなシステムを最初に設定するのがポイントなのだ。これが、理系的な最終目標の時間設定法である。

具体的には、読むべき全体のページ数を洗いだし、細かい項目まで書きだしてみる。つまり「一望法」の応用である。その上で、その本を目次を読むだけで終えるのか、はしがきを読むだけで済ませるのか、小見出しを拾い読みするか、を決める。

さらに、小見出しで区切られた節を一つ飛ばしで読むのか、三つ飛ばしで読むのか、といった具体的な省略の仕方を考える。こうした見積もりも、「割り算法」のなかで行う一つのプロセスである。

そして割り振った時間は決めたページの読書に集中する。他の仕事を一切入れずに、電話にも出ない。人が訪ねてきても会わない。ちょっと冷たいと思うかもしれないが、せっかく動きだした頭の働きを遮断しない方策である。

以上のプロセスからわかるように、最初にすべきことは持ち時間を割り振る作業である。人間、一つの時間には一つのことしかできない。したがって、決めたことに徹底的に集中するというのが私の時間管理法である。最初に厳しい時間管理を行えば、あとはそれほど苦労のない流れ作業になるのである。

ここでいくつか大事なコツを紹介しよう。まず、いったん決めた枠組みは崩さない、ということが大切である。システムを変更せずに、小さいところをうまくやりくりしながら目標まで達する。先の大学受験の問題集の例で言えば、選んだ問題集が厚すぎて到底こなせないとわかったときでも、問題集は替えない。その代わりに、問題を飛ばしながら解くことで目的を達成するのと同じである。

それはたとえば、生放送やライブのコンサートを考えてみるとよいだろう。多少の失敗があっても途中でやめてしまうことは許されない。何とか上手に取り繕いながら、終了時間まで到達しなければならない。読書もまったく同じなのだ。とりあえず最後まで完了させるのは、何を行う上でも最大のポイントとなる。

時間管理のコツの二番目は、この取り繕いに関するテクニックである。たとえば、ある章や節を読んでいて頭に入らなかったら、そこには拘泥しない。楽に読める個所から読みはじめるのだ。少しでも読書が進めば、精神的にも負担がかからないだろう。

ここでは例として、ジグソーパズルを思いうかべてみよう。隅から順番に埋めていく人はいない。誰でもうまくピースが合うところから埋めていくではないか。最終的に全部が埋まればよいのであって、どこから埋めてもよい。それと同じように、本もどの章から読みはじめてもよいのである（第1章の「本を読破しても偉くない」の項を参照）。

コツの三番目は、いったん読書を開始したら、区切りのよいところまで一気に読んでしまうことである。たとえば、ある節を読みはじめたら、その節が終わるまで多少わからない個所があっても読みとおしてしまう。どんなに不十分でも、節の最後までは目を通すのだ。これが効率的な時間管理の方法なのである。

新聞は一〇分だけ読めばいい

さて、ここからはアウトプット優先の読書術のための、情報収集の具体的な方法について述べよう。まずは新聞と雑誌の話から始めたい。

社会人である以上、世のなかの流れを最低限知っておく必要がある。その手段として、新聞は一定の効力を持っている。昨今はインターネットニュースのトピックスを見るだけで済ませるという人も増えているが、ネット情報のみに頼るのはちょっと考えものである。

確かにネット上の記事は、ホットな項目をリアルタイムで知るためには便利だ。私の専門に近いところでは、火山が噴火したり地震が起きたりすると、ネットニュースでは三〇分ごとに情報が更新される。それはそれで大変貴重な情報なので、緊急時にはネットニュースに常時目を光らせることになる。

ただ、通常は情報は一日一回確認すれば十分である。また、基本的にネットニュースは背景や理由の説明が省かれてしまっているので、それ以上理解が深まらないという難点がある。テレビのニュースも一つのテーマにかける時間が短いので、テレビ映りのよい内容しか伝えてくれない。テレビというのは視聴者の側から積極的に情報を取りにいくメディアではないので、受け身のままでは必要のない情報まで見せられるデメリットもある。

　とはいえ、新聞も隅《すみ》から隅まで入念に目を通せばよいというものではない。よく、新聞一日分のボリュームを表すたとえとして「新書一冊分くらいの情報が詰まっている」と表現されることがある。往々にして、「だから新聞を読もう」という文句と結びつけて語られるのだが、私はあえてこう提案したい。「新聞を隅々まで精読するヒマがあったら、新書一冊を読んだほうが有意義だ」と。

　私が新聞を読むのは一紙、しかも一日一〇分までである。企業の社長や役員には、毎朝主要五紙に目を通すという人がいる。仕事上必要だからそうしているのだろう。しかし新聞一紙を読めば、世のなかの流れはおおよそつかめる。それも「見出し」と「出だしの五行」で十分なのである。

　まず一面に書いてある記事をざっと眺める。一面には各紙とも主要記事のインデックス（目次）が付いている。それを見れば、前日にどんなことが起こったのか、だいたい察しがつく。ここまでで約五分。

　次に、インデックスから判断して気になった記事に目を通す。自分の専門分野や追いかけている事件の記事が特集されているときには、もう少し時間をかけて読む必要がある。ただ、基本的には合計一〇分もあればおつりがくるだろう。

　一読をお勧めしたいのは、新聞の出版広告欄である。新聞に広告を掲載するには、相応の広告料がかかる。そのため出版社も「売れている本」や「絶対に売りたい本」を選りすぐって宣伝するのが常である。出版広告を見ていると、今世間では何がおもしろいとされているのかがわかってくる。余裕があれば、記事を読む一〇分とは別に、さっと目を通すとよい。

そのほか、『朝日新聞』の「天声人語」、『読売新聞』の「編集手帳」、『日本経済新聞』の「春秋」のような一面にあるコラムは、出だしの五行だけ読む。五行も読めば何が書いてあるのか見当がつく。おもしろいと思ったら最後まで読むし、そうでなければやめる。

同様に、社説も見出しだけ読めば十分である。大切なのは、「新聞社が今日の社説に何を選んだか」を知ることなので、内容は読まなくてもかまわない。そもそも社説の見出しには結論が書いてある。

たとえば、社説には頻繁に「国は〇〇すべきだ」などという見出しが躍っている。それを見ると、「〇〇新聞社は国が〇〇すべきだと考えているんだな」という方向性がわかる。結局、全文を読んでも得られる結論は同じなのである。それならば、一〇文字の見出しを読むにとどめて、あとは新書や単行本でも手にしたほうが、よほど密度の濃い、自分にとって本当に必要な情報を得られるというものである。ちょっと乱暴なようだが、常に自分の持ち時間戦略を考えながら情報収集にあたっていただきたい。

書評から本に出会う

情報源として、新聞と並んで取り上げられる雑誌であるが、刊行点数がおびただしく、あれもこれもと追い求めていると、情報を消化しきれなくなる。そこで、総合月刊誌と自分の専門や関心事に関する雑誌だけに絞って読むことを勧めたい。月刊誌や隔週刊誌は世界情勢を知るために最適である。

大変残念なことに最近はこれらを読んでいる大学生が激減しているが、実は総合月刊誌（『中央公論』『文藝春秋』『新潮45』『世界』『正論』など）の論文には著者の労力が投入されており、必然的に質の高い情報を得ることができる。のちに単行本となってまとめられるような力作が掲載されていることもある。

ところで、たいていの雑誌には巻末近くに書評が掲載されているので、本を選ぶ際の参考になる。新聞の日曜日の朝刊にも書評コーナーがある（なお、『日本経済新聞』など土曜日に掲載する新聞もある）。多くの書評は内容を的確にまとめているだけでなく、現代社会の問題点を鋭く指摘しているので、書評を読むだけでも参考になる。

特に、世のなかに良書を広めることに本気で邁進《まいしん》している熱意溢れた書き手がいる。また、長年地道にすぐれた書評を書きつづけている書評家も少なからず存在する。この人が薦める本ならば間違いない、と信頼できる書評家に出会えればなおよいだろう。

書評のでき の良し悪しの判断については、書籍とまったく同じように、読者が書評をたくさん読みこむことによって培われてくる。新聞や雑誌に書評が掲載されているのを見たら、サッと目を通すことから始めていただきたい。

ネットには、「読書メーター」や「ブクログ」など、読書の感想を載せたウェブサイトもある。自分にとって「ヒット率の高い」書評欄や書評子が見つかるのは、とても楽しいことである。書評の世界と本の世界は、実はリンクしている。書評のできを的確に判断できるようになれば、本の鑑識眼も上昇するのだ。本を選ぶとき指針として信頼できるものを自分で見つけることは、その後の読書力を増すためにも重要である。

最後まで読みきらない

情報収集のときには、他の話題を読むなど横道に逸《そ》れないようにする。目的遂行に最大の注意を払うのだ。新聞・雑誌でも同様である。自分のテーマに必要な個所だけ、飛ばし読みをしながらチェックを入れていく。

今、何を収集すべきかを常に意識することは、大変重要である。というのは、著者のうまい言い回しに乗せられて他の部分に気を取られ、「頭のメモリ（容量）」を使い果たしてしまうことがよくあるからだ。ついおもしろくなって読みふけってしまうと、足りなくなるのは時間だけでない。むしろ「思考のメモリ」を食ってしまうほうが、当面の仕事には害毒となるのだ。このメモリのことを以下では「脳内メモリ」と呼ぶことにする。

たとえば、新聞なら見出しだけに目を通す。スポーツ記事や漫画を読みふけってはいけない。雑誌では目次を見て、開く個所を最初に決める。中身まで読んでいいのは、目的に合致した項目だけである。目に入ってきたその他の情報は、自動的に「別ルート」に行くように意識しておく。比喩的に言えば「頭のシステム」を作っておく。時間と脳内メモリを食わずに済ませる方法を作るのが大事なのである。

新聞や雑誌を隅々まで読みふけるというのは、効率的なアウトプット中心主義からもっとも遠い行動である。逆に、これはオフの時間としてふさわしい行動なのだ。

インターネットもまったく同じである。ネットサーフィンするのは、当該の関心テーマに絞る。インターネットはすぐに横道に逸れやすいという点で危険である。

情報収集の際には余禄としておもしろい情報が得られることがある。新聞の目的の記事を読んでいたら、直接目的とするテーマではないけれど、関連して興味を惹《ひ》かれる別の記事が横にあった、というような場合だ。

このような場合には、あらかじめルールを決めておく。オマケとしての情報にはその場では深入りしないのだ。新聞や雑誌であればすぐに切り抜いておき、ネット上の記事であればブラウザソフトに必ずある「お気に入り」に保存しておく。

私の場合、たとえばある雑誌で火山噴火の記事を探していて、隣に津波の興味深い記事があったとする。そのときは津波記事の本文は読まずに、雑誌名と発行日、ページを記入してただちに切り抜いてしまう。これを「津波」のクリアフォルダーに入れて保管する。そして、津波の記事がある程度たまってきてからあらためて読むのである。これも「棚上げ法」の一種である。

後日、津波について何か調べものをするまで、このクリアフォルダーの中身は全然読まないこともある。この整理法については第6章であらためて詳しく取り上げることにしよう。

講演会や学会などで人の話を聴くときでも、新聞や雑誌で情報収集をするのと同じように、漫然と聴くことはしない。現在必要としている話だけに集中する。すべてを聴こうとすると頭がそれだけで一杯になってしまって、何も聴いていなかったに等しい失敗をするからだ。実はこれが一番難しい。

私自身、ちょっと空いている時間帯に今取り組んでいるテーマと別の話を聴きに行って、頭が飽和する失敗を何度も経験したことがある。本当に必要な話だけを聴いて、あとは虫食い状に時間が空いてもそのままにしておくのだ。

何ごとも、現在の目的から外れたことは決して深追いしない、というのがポイントである。

余計なことに時間とエネルギーを費やさないように行動を律するのが、ここでの鉄則である。

本を最後まで読みきることも、また映画を最後まで見るのも、ぜんぜんエライことではない。何でも必要な個所だけ採取するのが理系的方法論である。わが家には、私がどこかで引用したたくさんの本やビデオがありながら、そのほとんどは最後まで読破（視聴）してはいないのである。

それで知的アウトプットは十分にこなせる。逆に、そのようにしなければ、他人の本を読むだけで一年があっという間に過ぎてしまうではないか。情報の取捨選択には完璧主義が最大の敵なのである。

「できるだけ本を読まない」技術

アウトプット優先の技術は、さらに大きな展開が可能である。そもそもアウトプットには質の低いアウトプットと質の高いアウトプットの二つがある。前者は、他人がすでに考えたこととあまり変わらない、オリジナリティの低いアウトプットであり、後者はオリジナリティの高いアウトプットだ。

ここで、質の高いアウトプットを目指そうとすると、過去に先人たちが残した知識にあまり影響されないほうがよい、ということになる。すると読書そのものも変わっていく。逆説的に聞こえるかもしれないが、質の高いアウトプットを目的とするならば、できるだけ本は読まないほうがよいこともありうるのだ。

「できるだけ本を読まない」とは、厳密に言えば、「本に読まれてはいけない」ということである。私は、読書家と非読書家を分ける境はここにあると思う。本を持っているがすべて読まなくても涼しい顔をしていられるのが読書家、きっちり読まないと気が済まないために、読書に疲れてしまった人が非読書家とも言えよう。

第1章でも述べたが、本は最後まで読まなくてはならない、というのは一種の強迫観念である。手に取った本を全部読むというのはもはや非現実的なのだ。実は、まず習得しなければならない技術は、何をどう読むのかではなく、どうしたら読まずに済むのか、なのである。ここで一九世紀ドイツの哲学者ショーペンハウアー（一七八八〜一八六〇）の名著『読書について』（岩波文庫と光文社古典新訳文庫に邦訳がある）にご登場願おう。

哲学者は本を読むのが仕事だが、ショーペンハウアーは読書という行為自体に懐疑の目を向ける。まず、「読書は、他人にものを考えてもらうこと」だからほどほどにせよと説く。生活習慣病が知らぬうちに体を蝕《むしば》むように、本を読みすぎると思考能力が落ちていく。よって、何よりもまず無益な本を読まずに済ませる「技術」が必要なのだ、という。

ショーペンハウアーは読む価値がある本について、明快に指南する。

「ギリシア・ローマの古典作家を読むことほど、精神をリフレッシュしてくれるものはない。古典作家のだれでもよいから、たとえ三十分でも手に取ると、たちまち心はさわやかに、かろやかに、清らかになり、高揚し、強くなる」（鈴木芳子訳、光文社古典新訳文庫、一五〇ページ）

実際、歴史のふるいにかけられて残った古典を読んでいると、よい本の見分けがつくようになる。私は若い学生やビジネスパーソンに古典を推奨しているが、それは氾濫する新刊本から良書を見出す心眼を養ってほしいからである。

こうした考えから、かつて私は必読の五〇冊を解説した『座右の古典』（東洋経済新報社）を刊行した。よい本に出会うため、人はさまざまな検索方法を試みる。図書館に出向いて自分で探したり、本好きの友人や先生に紹介してもらったり、新聞や雑誌の書評を参考にしたり、インターネットで検索して評判を判断したり、と方法はさまざまである。しかし、拙著に紹介した古典だけでも読破すれば、人生で出くわす大部分の問題は解決できる。それほど古典は時代を超えた力を有しているのだ。

読書と思索のバランス

ショーペンハウアーは読書と思索のバランスについても貴重な示唆を与える。万巻の書を読んで膨大な知識を頭に入れても、頭のなかで整理がついていなければ役に立たない。ここで整理をする作業が思索に他ならない。すなわち、本章の冒頭で述べたインフォメーションからインテリジェンスを生みだす知的活動の核心が、ここにある。

実は、読書という一見プラスに満ちている行為にも、マイナスは存在する。著者の思想が読者の頭を支配しすぎると、思考の弾力性が奪い去られることにもなりかねない。読書でも「過ぎたるは及ばざるが如《ごと》し」が成り立つのだ。よって、「どこを読むか」ではなく「どこを読まないか」という読書術が必要なのである。

ショーペンハウアーは、本好きが読書に溺れてしまう姿に警告を発している。実際、私は京都大学の講義でQ&Aの時間を設けているが、読書が得意な文系学生に「本に読まれてしまった」状態になる者が少なからずいることがわかってきた。本好きな若者ほど、著者に感化されすぎてしまうのである。

といって、単純に読書をやめてしまえばよいのではない。いざ思索しようと思っても、何もない状態からそう簡単に思索できるわけではないからだ。そしてショーペンハウアーの結論はこうだ。

「もっともすぐれた頭脳の持ち主でも必ずしも常に思索できるとは限らない。したがってそのような人も普通の時間は読書にあてるのが得策である」（斎藤忍随《さいとうにんずい》訳、岩波文庫、一六ペー

ジ）

　つまり、読書と思索のバランスを上手に取ることによって、人生の達人になれるのだ。それが「知識の源泉は今も昔も読書にある」と私が考えるに至った所以《ゆえん》でもある。本章ではアウトプット優先の読書術を紹介したが、逆説的に見えるような点を最後に書き添えた。何でもそうだが、バランスを考える習慣を読書にも当てはめてみていただきたい。

第5章

本の集め方、整理の仕方

第5章のポイント

・少額でも本を毎月買ってみよう
・入門書は三冊手に入れる
・本は表紙とタイトルで選んでよい
・本の整理は美しさより使い勝手で

本の最大の特徴は、投資する金額に対して得られる利益がはるかに大きいという点ではないだろうか。講義で学生の声を集めると、「本が高い」という意見は意外に多いが、飲み会や、飲み過ぎたあげくに利用するタクシーに支払う金額を考えれば、実に安い買い物である。

むしろ、本に投資するお金を先に確保してから、飲み会に参加するかどうかを検討しても決して遅くない。理想を言えば、家賃・光熱費の次に書籍代を確保するぐらいの優先順位でお金を使ってほしいものである。

たとえば毎月何がしかの金額を本に投資すると設定してみよう。もし一か月に一万円を書籍代に充てるとすると、二〇〇〇円の専門書であれば五冊、一五〇〇円のビジネス書なら六冊、五〇〇円の文庫本であれば二〇冊も買える計算になる。

たとえば、岩波文庫や光文社古典新訳文庫、講談社学術文庫には、一生にわたって受け取れる知恵が詰まっている。一か月に一万円というのは、上手に買えば一か月の読書量を十分に満たす投資額だと思う。しかも毎週のように購入しつづけるうちに、かけた金額に相応する選書眼が身についてくる。

一か月に一万円という例を挙げたが、金額の多寡が問題なのではない。大切なのは、自分の経済状況に応じた範囲内で、家計のなかに少額でもよいから「書籍代」という項目を確立することである。月に五〇〇円であっても毎月本を入手しつづければ、いつの間にか自分のライブラリーができ上がるのだ。

なお、本は見つけたときに買うのが鉄則である。古書店の本は売れてしまったら次はいつ手に入るかわからないし、新刊書店に置いてある本も、明らかな供給過多のため、生鮮食料品なみのスピードで次々と入れ替わっている。きちんとメモしてフォローするならともかく、そのうち買えばいいなどと呑気《のんき》に構えていると、二度と手に入らなくなる可能性が大である。

よって、少しでも心にひっかかるものがあれば、買っておくに越したことはない。第1章の最後に述べたように、「読書はチャンスを呼び込む」ものであることをここで再び強調しておきたい。

また、本は「文房具」の一種である。その使い方は第6章で後述するが、書き込んで自分のノートとして活用するためのものである。自由に「汚す」ためにも、まず所有する必要がある。図書館で借りて読んでも、学ぶという点からはあまり記憶に残らないものである。

人間というのは基本的に貧乏性である。自分で購入した本には元を取ろうとする意識が働く。懐《ふところ》を痛めて購入したという事実を正当化するためには、本に書いてある内容を読んで活かすほか選択肢がなくなる。

投資した額が簡単に回収できるのも書籍である。同じお金をかけるなら、コストパフォーマンスの点で本がもっとも効率がよい。セミナーや各種専門学校に行かなくても、たいていのことは本で勉強できるからである。本を一冊読めば何倍もの額を回収できること、あるいは何倍もの額を損せずに済むことがあるものだ。

新刊書店の利用法

では、本の集め方を具体的に紹介しよう。最近はAmazonなどネット書店で購入する読者も多いと思うが、私はできるかぎり「リアル書店」に足を運ぶことを勧めたい。

実はリアル書店には思わぬ使い道がある。読書に投資するためだけではなく、常に知的好奇心を失わないためにも、書店に行く習慣を持つことが大切である。

書店で積極的にさまざまな分野の本を覗いてみると、自分の視野を広げる絶好の機会となる。小さな習慣でよい。たとえば、昼休みに外へ食事に出かけた際には、帰り道に書店に寄るという決まりにしてはいかがだろうか。

書籍は年間に約八万点刊行されている。一日あたり二〇〇点以上という数が毎日新しく出ている計算になる。目利きの本屋さんは、このような膨大な点数から世のなかの動きに合わせて、的確に本を選んで並べていく。この選択を見るだけでも、日本だけでなく世界の動きを知ることができる。

新刊書店には大型書店とそれぞれの地域に密着した小型書店とがある。大型書店はまず、新刊書や専門書が豊富に揃っているのが魅力である。自分が調べたい本に関してはたいてい見つかるというメリットがある。

新書なども、現在流通している本に関しては、中公、岩波、講談社現代、文春、PHP、集英社、光文社、新潮、角川、ブルーバックス、ソフトバンク（SB）、といったラインナップごとに揃っているのもありがたいところである。

新刊だけでなく既刊の在庫も豊富である。また、大型書店には雑誌のバックナンバーがあるのも大きなポイントで、過去の雑誌に重要な資料が眠っていることが少なくない。

さらに地図やDVDも購入できるので、大型書店は効率的な資料探しにもってこいである。

なかには、売り物の本が読みやすいように、机とイスをたくさん用意してある書店がある。購入前でもじっくりと本に取り組むことができるすばらしい場所である。

大型書店のなかで、自分の「武器」となるテーマに関する書物を扱っている棚は、特に大切である。定期的にチェックして、常に最新情報を把握しておくことである。さらにこうした書店には、全国紙の書評に掲載された本だけを並べたコーナーがある。ここを活用すれば、本を探す時間の節約にもなる。

一方、街の小さな本屋さんにも、メリットはいろいろある。小型書店は、その街ごとのローカルな売れ筋に敏感な品揃えをしている。たとえば京都であれば、京都の地図や料理、神社仏閣の庭園のガイド本などがもっとも目立つ位置に平積みしてあったりする。東京でも、ビジネス街の書店はビジネス書に強く、大きな病院の付近には医学書に特化した書店が店を構えている。

また地方に行くと、その地域で出版された本に出会うことができる。郷土史の本やその県出身の作家の伝記など、東京などではなかなか見つけることのできない興味深い書籍が並んでいることが多い。つまり、書店がその街に密着しているということである。

規模の大小を問わず、自宅や学校、会社の近所に行きつけの書店を作っておくのもお勧めである。ぐるりと一回りできるくらいの広さが、ちょっとした時間に立ち寄るにはちょうどよいだろう。
パッと目につく場所に平積みしてある本は売れ筋の本なので、必ず手に取ってみることをお勧めする。好き嫌いはさておき、売れている理由を探ることで仕事のヒントが得られるかもしれないからである。私は世間の時流とニーズを、ふらりと立ち寄った書店の店頭から教わることがよくある。

街を歩いて出会った書店

マニアックな書店も掘り出し物の宝庫である。特に京都は個性的な書店が数多いことで知られている。寺町通りの三月書房、一乗寺の恵文社などは、売れ筋の新刊書を扱っていなかったり、小型書店でも見かけるような有名な雑誌が買えなかったりする。

その代わり、あるジャンルに関しては、絶版に近く出版社にも在庫がほとんどないような本が置かれていたり、他店ではまず見かけない美術書や児童書、哲学書が平然と平積みされていたりする。一瞬、専門古書店ではないかと錯覚するほどである。その棚作りが読書好きの心をくすぐるのだ。

「こんな本、私以外に誰が買うのだ」と思わずにはいられないような本を買う。そんな楽しみも含めて、読書人たちは書店主の思惑に見事に引っかかってしまうのだろう。しかも、この手の書店は、一か月後に訪ねてみると、棚をがらりと入れ替えていることもある。定期的に観察しているだけで、知的好奇心が刺激される。

また、書店員が独自に作成したＰＯＰ（小さな紹介板）を見るのも楽しみの一つである。「遊べる本屋」と評され、本だけでなく菓子や雑貨、ポスターなどサブカルチャー色豊かな店作りで知られるヴィレッジヴァンガードなどは、ユニークＰＯＰづくりの最右翼だろう。

ＰＯＰのなかには、「これは私が二〇歳のときに大きな影響を受けた本である」などと、まったく個人的な思い入れだけをしたためたものもある。お客にとっては本来どうでもいい情報なのであるが、不思議とそんな本を手にしてみたくなるのも事実である。「この本が好きだ。誰かに教えずにはいられない」という書店員の気持ちが、ストレートに伝わってくるのである。

意外なところでは、駅や空港の売店も見過ごせない存在である。本の種類こそ少ないが、それだけにピンポイントでビジネスマンや旅行者向けの本が置かれている。

また、最近は駅のプラットホームに本の自動販売機を置くユニークな取り組みも始まっている。女性向けのエッセイを中心に、なかなかの売り上げを計上しているらしい。品揃えを見ているだけでも、その街で働く女性の「空気」が感じられるような気がして、とても勉強になる。

古書店の利用法

古書店も情報源として欠くことのできない重みがある。古書は何と言っても安く手に入るのが魅力である。軒先にある一〇〇円や二〇〇円均一棚も、めくるめく掘り出し物の醍醐味《だいごみ》に満ちた空間だと思う。五〇〇〇円でも売れそうな本が、一〇〇円均一棚から見つかることもある。

私がよく購入するのは、文学書の初版本である。夏目漱石《なつめそうせき》、森鷗外《もりおうがい》、永井荷風《ながいかふう》といった文豪の初版本でも、五〇〇円や、ときには一〇〇〇円の値がついていることもある。この種の本は、明治期の装丁《そうてい》や活字などを知る上で、非常に興味をそそられる。

私は地方に出かけたら街を歩くことにしている。途中で古書店を見つけると、最低三〇分は費やして本を見てしまう。新刊書店と同じように、地方にはその地方でしか見つからない本があるからである。地方の国立大学の先生が手放した旧蔵書を見かけることもある。

大都市では手に入らない絶版本が、無造作に置いてあることも少なくない。私自身、東京でも京都でも見つけられなかった本が、鹿児島の古書店で三冊束にして売られているのを目にした経験がある。小躍りするような気持ちで購入したのは言うまでもない。これが古書店チェックをやめられない大きな理由である。

買わないまでも、古書店で稀少本を眺めてみるのも勉強になる。昔の本は一冊の価値が相対的に高かったのだろう。現在では珍しい、凝った造本のものが残されている。たとえば谷《たに》崎《ざき》潤《じゅん》一《いち》郎《ろう》の初版本や棟《むな》方《かた》志《し》功《こう》の版画で「初版函《はこ》入り」など、目にするだけでも文化の一端に触れたような気持ちになれる。

もし懐具合と相談して、飲み会の回数を減らせば何とかなる値段ならば、思いきって購入してみるのも悪くない。酒席に出ても何も残らないが、こうして買った本は一生の思い出と教養になるからである。

ただ、純粋に効率的な古本探しということでは、インターネット書店は最大の武器と言える手段である。私も仕事上で必要な古書は、まずネット書店で探すことから始める。ちょっと味気ないことではあるが、時間の効率を考えると仕方がない。これもよしとしよう。もちろん古書に限らず新刊も、仕事や勉強上の文献として本を確実に買うためにはネット書店を使うのが非常に有効だろう。

図書館の利用法

図書館についても触れておきたい。図書館は書店とはまた違った魅力を持つ空間である。図書館は、絶版の本も含めてレアな本の宝庫である。図書館へは、あらかじめ「何を探すか」を明確にして行くべきである。現在では大学図書館でも公立図書館でもＯＰＡＣ（オンライン蔵書目録）を公開しているから、前もって所蔵を確認してから出向く。

一方、さしあたって目的もなく書架を眺め渡すのも悪くない。特に、まったく自分とは縁遠いテーマの本を手に取ってみると、意外に引き込まれることがある。私の場合は児童書や陶磁器についての本などがそうであるし、写真の美しい大型本など、時間を気にせず眺めつづける楽しみもある。残りを全部読みたいと思えば、借りることもできる。

であるから、せっかく図書館に行くのであれば、調べ物が終わったあとで、違う棚まで足を延ばしてはいかがだろうか。好奇心が満たされること請け合いである。

第４章で、知的生産と知的消費を峻別する重要性を指摘したが、ここで述べたような「好奇心を満たす」ことは知的消費の側面も多分に含んでいる。重要なのは、知的生産と知的消費の時間をきちんと分けることである。

なお、図書館で資料を探す際のテクニックを披露した千野信浩《ちののぶひろ》『図書館を使い倒す！』（新潮新書）は重宝した。副題に「ネットではできない資料探しの「技」と「コツ」」とある。図書館には、その頂点にある国会図書館から地域の公立図書館、また各種の専門図書館や大学図書館などさまざまな組織があり、それぞれ特徴がある。必要な場合は司書に助言してもらうことで目的の情報に到達できるだろう。

入門書は三冊買う

では、書店で実際に本を探すとき、どこに着目すればよいのだろうか。何かを学ぼうとするときに、どんな入門書を選ぶべきか。良書との出会いが勉強意欲を左右するだけに、これは切実な問題と言えるだろう。

よい本を選びたいと思ったら、まずは人の知恵を借りよう。一番手っ取り早いのは、読みたいテーマに詳しい人から紹介してもらうことである。

人から薦めてもらった本を、書店に出かけて探してみる。新聞や雑誌の書評を読んで、少しでも気になった本は手に取ってみる。最初から自分一人で本を探そうとしても、よい本に出会うのは難しい。まずは受け身の姿勢で、アドバイスに耳を傾けてほしい。近くに尋ねる人がいない場合にどうすればよいかは、あとであらためて解説しよう。

その上で実践していただきたいのは、いかなるテーマでも入門書を三冊買うという原則である。というのは、一冊だけで学ぼうとすると内容に偏りが見られるケースがあるからだ。また、著者の文章が自分の感覚に合わず、その分野に敷居の高さを感じてしまうおそれもあるだろう。せっかく勉強してみようと思い立った気持ちが削《そ》がれてしまっては、何にもならない。

入門書を三冊当たってみると、同じテーマでも違った切り口で記述していることがわかる。入門書の著者はその分野の専門家だが、それぞれ自分がおもしろいと思った材料で本を書くわけで、その材料は専門家によって異なるからである。三冊読むことでバランスよく概要がつかめるし、一冊くらいは感動する良書に当たる確率も結構高い。

紹介された本であれ、自分で探した本であれ、三冊のうち、もっともおもしろそうな本から読み進めよう。もしつまらなかったら、どんどん切り捨ててよい。どんな分野であっても、数を読むにつれて段々と目が肥えてくる。次第にもっと違った切り口の本を読みたくなるようになる。その分野に関する知識も増えてくるので、自分が何を知りたいのかもはっきりしてくる。

その結果、いろいろ読んでみたら、最初は敬遠していた本が好きになった、ということもあるだろう。大事なのは、本を読みつづけるということである。選書眼というのは結局、読むことでしか磨かれない。本は人と同じく一期一会《いちごいちえ》なのである。経験を積めば積むほど、良書にめぐりあう確率が高まる。

新書は入門書に最適

本を読むのが苦手であれば、本のレベルを一段階下げることも大切だ。これは、書かれた内容のレベルが低下することを意味するのではない。やさしい言葉を用いて書かれた本、すなわちやさしくて知的な本を探すのだ。内容の水準を落とさずにわかりやすく叙述した本が、世のなかにはたくさんある。

新書はそうした本の宝庫なので、入門書三冊のなかに新書を混ぜることを勧めたい。新書は比較的安価なことも魅力の一つである。私自身、まったくはじめての分野の勉強を始めようとするときは、まず新書から探している。

新書には、歴史的に啓発書の役割を果たしてきた経緯がある。専門家が最先端の知見をわかりやすく伝える努力を試みてきたのである。そこには、教養の底上げが日本人にとっていかに大切かという、先人たちの痛切な思いが詰まっていると思う。

こういう本を自分で発見すると、読書そのものが楽しくなる。私自身も、新書を執筆する機会が与えられたときは、火山について一般市民に最低限知ってほしいことを、自分なりに工夫しながらレベルを落とさずに執筆した。

また、岩波ジュニア新書やちくまプリマー新書のように、第一線の専門家が中高生にもわかるように、特段の配慮をして書いたジュニア向けのシリーズもある。中高生にとっての「教養の扉」として位置づけられるレーベルである。

こうしたジュニア向け新書では、内容的には一般的な新書のレベルを維持しつつも、中高生が興味を持つようなメッセージを伝えている。考えてみると、これらの新書こそ、もっとも高度な表現が求められる出版形式ではないかとさえ思う。

たとえば、池内了《いけうちさとる》『科学の考え方・学び方』（岩波ジュニア新書）は、自然科学的な思考法、つまり科学のフレームワークを説明した非常にすぐれた入門書で、文系の読者も無理なく読み進められるだろう。

私が執筆した『地球は火山がつくった』（岩波ジュニア新書）の場合も、すべての難読漢字に毎回ルビ（振り仮名）を振るという試みを行った。新書では通常、一つの漢字にはその本の初出時にルビを振るだけで、二回目以降に同じ言葉が出てきたときにはルビを振らないという決まりがある。

しかし、中高生は一日や二日で一冊の本を読み終えられるとは限らない。ある程度時間が経ってから後半の章を読んだときに、漢字が読めないせいで理解が進まないことも考えられる。もしかすると、将来、火山学を学ぼうとする人材がこの本を手に取るかもしれない、だから、どうしても最後まで読んで火山に興味を持ってほしい。そんな熱意を編集者に伝えたこともあって、全部の章にわたって少しでも難読と思われる漢字には繰り返しルビを振ってもらったのである。

ジュニア向けにさまざまに工夫して作られている新書であるから、大人が読んでもためになるはずである。現に、ジュニア向けの新書は一般の成人のほうが読んでいるという統計データもある。文系の人は理系のジュニア向け新書を、また理系の人は文系の該当シリーズを入門書の三冊に混ぜるのがよいだろう。

なお、新書からは話題がそれるが、科学の分野であれば、中学や高校の教科書は初心者が勉強するのにうってつけの本である。最近は高校の教科書を単行本に組み直した本が数多く出ている。

同様に、教科書に付随して用いられる副読本の資料集を読むのもよい。資料集といっても文章と図版が手際よく並べられており、すぐれた入門書がたくさん出ている。実際に高校生の副読本として編まれたものもあり、質が高いにもかかわらず安価という特徴がある。

第1章では、教科書は読者にとって未知のことが書かれているので、先生の指導の下に読むものであって、独学には向いていない、と書いた。だが、中学や高校で一度読んだ教科書であれば独学でも十分に対応できる。その意味で、教科書はまったくの初心者向けではなく、「学び直し」のために読むのがよいだろう。

効果的な入門書選び

ここでもう少し、入門書の効果的な選び方について考えてみよう。一つのテーマのなかから本を探すといっても、あまりに類書が多すぎるという問題がある。パッと見て目に飛び込んでくるのは、カバーのデザインやタイトル、あるいは帯のキャッチコピーなどだろう。確かにおもしろい本は、不思議と手に取りたくなるような雰囲気に満ちている。

タイトルやキャッチコピーにも、作り手の「読んでもらいたい」という思いが込められている。秀逸な惹句《じゃっく》に、思わず手に取ってしまったという経験があるだろう。そこで困ったときは、速く読めそうな本、そして全部読めそうな本を優先していただきたい。

だから、安価でページの少ない本から手にとるのでまったくかまわない。ビジュアル中心に編集された本から読みはじめるのも立派な戦略である。

たとえば、タイトルに「イラスト解説付き」「早わかり」「すぐに役立つ」「速解」「図解」などの枕詞《まくらことば》がついた本であれば、初心者でもわかりやすいよう編集上の工夫が施されていると考えてよいだろう。

社会人に必要と思われる分野を網羅して、シリーズ化している出版社もある。「14歳のための○○」などと謳った本も刊行されているが、実はこれも一四歳が読むためのものというより、大人向けに徹底的にわかりやすく書かれたシリーズなのである。

こうしたお気に入りのシリーズを見つけておくと、次に知りたい分野ができたときにも役立つ。また一般的に、ハードカバーよりもソフトカバーの本から選べば、「お手軽度」が高い仕様になっていることが多い。

次に、著者のプロフィールも入門書の判断材料として重要なポイントである。「○○の第一人者として絶大な人気を誇る」式の表現は、実際のところ検証不可能である。だが、著者のプロフィールを丁寧に読むと、おおむね事実に即した略歴が確認できる。

また、同じ分野で複数の本を出版している著者であれば、出版社からの評価が高いと推測できる。この手の著者はその分野について書き慣れているので、内容がわかりやすいことが多いのである。

第１章でも述べたが、本には最後に「奥付」と呼ばれるページが付いている。発行日などを記してあるページである。奥付を見れば、内容が古いかどうかだけでなく、売れ行きの多少も見当がつく。

そこでは、版を重ねている本を優先していただきたい。「版を重ねる」とは、最初に印刷した本が全部売れて、二度目の印刷（二刷）、三度目の印刷（三刷）……となることを言う。版を重ねた本は、読者から安定した支持を集めていることの証拠でもある。

ここまでチェックすれば、かなりの絞り込みができたことだろう。あとは文章のフィーリングが自分に合うかどうかを確認すればよいのである。

レファレンス本の利用法

基礎知識を会得する際に、入門書がリストにまとまっていると便利だろう。実際にそうした本も多く出ている。「レファレンス本」という種類の本で、「レファ本」と略して呼ばれることもある。哲学や数学、日本史などのジャンルごとに、それぞれの分野の専門家が薦める本のリストと解説が載っている。こうしたレファ本をガイドに用いるのもよいだろう。

レファ本は分野ごとに数多く出ているのだが、いくつか読み比べてみると、どの本でも共通して推薦されているような評判のよい本が見つかる。これがいわゆる「定番」と呼ばれる本であるが、多くの人から定評を得ている本は一度見ておくほうがよい。

もちろん、皆がよいという本が自分には合わないことは大いにありうるので、ここで世間の評価に左右される必要はない。しかし、定評を得るにはそれなりの理由があったはずなので、ちょっと覗いておいても損はない。

私は日垣《ひがき》隆《たかし》『使えるレファ本150選』(ちくま新書)をしばらく参考にしていた。この本は辞書、事典、年鑑、白書、教科書などの参考図書を紹介したものだ。言わば「レファ本のレファ本」である。文系と理系を問わず広い範囲からレファ本を取り上げている。

次に、あるジャンルで出てくるテーマを網羅して解説している本がある。目次や索引が充実していて、分厚いものが多い。こうした本は百科事典のように「引いて使う」本である。

たとえば私の専門の火山学で言えば、ハンス-ウルリッヒ・シュミンケ『新装版　火山学』（全二巻、古今書院）、吉田武義《よしだたけよし》ほか『火山学』（共立出版）、下鶴大輔《しもづるだいすけ》ほか編『火山の事典　第二版』（朝倉書店）、東京大学地震研究所監修『地震・津波と火山の事典』（丸善）などがこうした本にあたる。

理科系の書籍整理術の基本

ここからは、集めた書籍の整理術を考えてみよう。知的生産にあたって、本はインプット上の大事な手段である。何かまとまった内容を知ろうとするときに、書籍が第一に当たるべき情報源であることに今も昔も変わりはない。

しかし、知的生産に関わったことのある人ならば誰でも思いあたるだろうが、本は際限なく増えていく。それを漫然と本棚に並べていたのでは活用されない本が増えてしまう。書籍の死蔵になってしまうのだ。

この死蔵は、簡単な工夫で避けることができる。本をテーマごとに並べるのである。大型本でも文庫本でも、近い内容であれば一緒に置く。本はきれいに並べるものではない。機能が発揮されることがもっとも大事なのである。

私の場合、たとえばオペラの本の横に、台詞《せりふ》の原典訳、原作の文庫本、オペラのCD、D

VD、ビデオ、パンフレット、チラシを綴じたファイルを並べる。こうすれば、ヴェルディ『椿姫《つばきひめ》』一つとっても、アレクサンドル・デュマ・フィスの原作（新潮文庫）、「名作オペラブックス」シリーズの対訳（音楽之友社）、解説書として『スタンダード・オペラ鑑賞ブック イタリア』（音楽之友社）、CD、DVDなどによって『椿姫』の全容がたちどころにわかる仕組みである。

書籍をきれいに保存するか、使い倒すかで、本に対する態度はかなり異なる。たとえば函入りの本は、きれいに見せたいなら函の背が見えるようにして本棚に並べるだろうが、私はそうしない。中身がそのまま引きだせるように、函を後ろ向きにして並べる。

この方法は、大型辞書などの場合に使い勝手が格段によくなる。使うときは函を本棚に残して中身だけを引き抜くのである。こうすれば、何冊か辞書を引き抜いたときにでも、外函が本を返す位置を示してくれる。簡単に元に戻せるというシステムを作っておくのは意外と大事なことである。

本も辞書も、持っているだけではダメである。美しく並べても使い勝手が悪くては意味がないのだ。効率を重視して配置するのが理系的な環境整備のコツである。

空きスペースを用意する

知的生産を行っていると、資料が際限なく増えていく感じがする。ここで適切な対策を講じていないと、机の上はすぐにもので溢れかえる。ここでは、資料が溢れたときの空き空間の確保や、実際に作業する場として大型机や棚の活用法を具体的に示してみよう。ポイントになるのは、すべてを一望しながら作業ができること、資料や機器が移動可能であること、の二点である。

資料が溢れないようにするには、バッファーの確保が重要である。バッファー（buffer）とは衝撃や苦痛を和らげるもの、という意味で、鉄道などで衝突事故が起こってしまっても衝撃を減ずることのできる緩衝装置に使われてきた用語である。このバッファーが、たくさんの資料を整理したり、新しい発想を引きだしたりする上で、大変重要な働きをする。これを「バッファー法」と呼んでみよう。

バッファーが重要というのは、知的生産とは、すでにある情報を入れ替えて、互いの関係がよく見渡せるようにすることが必要だからだ。資料と情報の組み替えから仕事が始まると言ってもよい。資料や機器が移動可能であるようなシステムを最初から作ってしまうのだ。ここでは、自由に移動できることがもっとも重要なポイントとなる。

たとえば、ギュウギュウに詰めた箱のなかではものは移動できない。「一五ゲーム（一五パズル）」を思いうかべてほしい。四×四のマス目のなかに一か所だけ空きがあり、一から一五まで順不同に並んでいる一五枚のコマを動かして数字を順番に並べるゲームである。

ここでは一個だけ空きがあるからコマが動かせるのである。もし二つ空いていれば、なお動かしやすいだろう。ゲームとしてはおもしろみがなくなってしまうが、移動効率だけ考えれば、空きは多いほうがよい。これが知的生産でもスピードアップにつながるのである。

同じように、本棚にもバッファーとしての空きスペースが必要になる。ギチギチに詰めてしまったら、次に同じ著者やテーマの本を入れる場所がない。こうしたことを最初から考えて本棚に入れることが効率的に本を活用する基盤となる。

ただし、ここではアウトプット優先に基づいた保管方法を示したが、「こう整理しなくてはならない」という絶対的なルールは存在しない。必要なのは今の自分の目的に合った本の並べ方について、整理をしながら見出すことである。

なお、本書の最後では、さらに根本的な整理術について紹介したい。

第6章

読書メモの取り方

第6章のポイント

・本は「文房具」として使い倒す
・探しものの無駄な時間を省く
・「単純作業」と「考える時間」を分ける
・楽をして成果を上げる理系的方法

本を使いこなすためにはコツがいる。第5章でも述べたが、本は「文房具」である。本は崇高なものでも貴重品でも、美術品でも何でもない。本を崇《あが》め奉ってしまっては、価値を十分に引きだすことができない。「本は思考の文房具」なのである。

本の最大の利点は、必要な個所をすぐにパッと開けることと、メモでも何でも書き込めることにある。思いつきや感想を書き込んだり、引用したい個所などに線を引いたり、印を付ければよい。私は「紙と鉛筆」ではなく「本と鉛筆」を使って物事を考える。だから、私の本はすぐに真っ黒になる。つまり、考えるための文房具だから、本来汚して使うほうが適切なのである。

ページの端を折っておくのもよい。そこを開けば、自分が感動した個所がただちに出てくるからだ。折ってあるページの多い本は、それだけ自分と相性がよかった本である。そういう本は、本棚に並んでいても、どこにあるかがすぐにわかる。

ページを折るだけでなく、付箋《ふせん》もたくさん付ける。自分なりの便利な索引を作っておくのだ。だから読みこんだ本は、次第に分厚くなってくる。

私の蔵書は、表紙の裏の余白に、印を付けたページとその内容を簡潔に書いてある。そうすると、あとで重要な個所をすぐに見つけられる。

読んだ日付を書いておくのもよい。時間の経過は、本の読み方を変えていく。最初読んだときにはピンと来なかった本でも、あるときから愛読書に変わることがある。日付を記録しておけば、自分の成長を実感できるのである。

このように書いてくれれば明らかだろうが、本は買わなければならない、という結論に至るのは必然である。図書館や友人などから借りた本では線を引くことができないし、書き込みもできない。

以下、本章の前半では本にメモを書き込む方法を述べ、後半では必ずしも本への書き込みに限定せず、メモを取って情報を整理する方法を紹介する。

本のどこに線を引くか

本を読みながら線を引くのがなぜよいのか。中学生や高校生の頃、教科書や参考書に蛍光ペンで線を引き、内容を暗記した経験は多くの人が持っているのではないだろうか。当時は、線を引き、書き込むことで、教科書の中身を自分のものにしようと必死だったはずである。

大人の読書でも、その原理は同じである。一般書を読むときでも、かつての参考書のように線を引いたり書き込んだりすることで、はじめて知識が自分のものになる。

手に入れた本は、自分なりに手を加えることを意識しよう。カスタマイズする、と表現してもよいかもしれない。

それでは本のどこに線を引くかについて述べよう。よく「大事なところに線を引け」と言われるが、大事なところと言われてもよくわからない、というのが正直なところだろう。そこでまず、最初に読んだときには、本のなかで自分が気になった個所に線を引いてみる。

たとえば、印象的なフレーズや描写、台詞などだ。そこに自分の感想を一言書き込んでもよい。線でも文字でも、自由に書く落書きの延長というぐらいの気持ちでいればよく、こうした作業が結果的に著者との距離を縮め、内容が頭に入りやすくなってくる。

ここで大事なのは、学校で教えられてきたように、著者が内容をまとめている個所に線を引くのではないということだ。内容の要約が目的ではないからだ。あくまでも自分の印象に残ったところに引くのだ。

ちなみに、教育学者の齋藤《さいとう》孝《たかし》氏が『三色ボールペンで読む日本語』（角川文庫）で提唱した、三色のボールペンを使って本を読む方法がある。本を読みながら、重要だと思うところは赤、やや重要だと思うところは青、自分がおもしろいと思ったところには緑の線を引いていくやり方である。このなかで緑色のボールペンを使って線を引く個所が、私がまず線を引くとよいと考える個所である。

私の場合は、ボールペンではなく鉛筆（シャープペンシルでもよい）を使う。消しゴムで消せるからである。また三色ではなく黒一色でも十分で、書き方を替えればよいだろう。色を替える方法もよいが、あまり色を使い分けることに気を取られると、頭脳のパフォーマンスが落ちてしまう懸念がある。統一性とか規格化とかいうのは、クリエイティブな活動にとっての最大の敵である。よって、私は次のようにしている。

①文章の右横に線を引く。直線、波線、二重線などさまざまな種類がある。
②「」や『』でくくる。
③四角で全体を囲む。
④ページの上の隅を一センチメートルくらい折る。
⑤線を引いた個所や「」『』の上に印を付ける。印には○◎☆などを使う。
⑥引き出し線を引いて自分のメモを書きつける。

なお、この六つの基準は特に定めてはいない。本を読み進めていくうちに、大事な点、おもしろい点など、自然に別の印がついていくだろう。厳密にルールを決めてそれに従わなければならないというのではなく、一冊のなかで印の一貫性があるという程度でよいのだ。

実は、「こうしなければ」と思えば思うほど、人間の頭は硬直してしまう。線を引くのに色分けしてもよいのだが、どうしても色の使い分けが気になり読書に集中できないように感じたら、こだわる必要はない。本を読んで感動したら、鉛筆でも赤ペンでも青ペンでも、線を引いてしまえばよいのである。感動した個所を区別したければ、「感」と書いてマルで囲んでおくだけでも十分だ。

要するに、本を読んでいて頭が働きはじめたら、せっかくの動きをストップすることがないよう、思いうかんだ内容を手持ちの文房具ですぐに紙の上に定着させてしまうことが大切である。そして自分にもっとも合う方法を編みだせばよい。読者それぞれのメソッドを見つけていただきたい。

ところで、線を引く個所は、時間とともに進化していく。昔読んだ本をあとで読み返すと、まったく別の個所に感心することがあるだろう。勉強が進むにつれて、線を引く個所は変化していくのである。

先ほど、最初に読み通すときには、自分の印象に残った個所に線を引こうと勧めた。それは結果的には、本の著者が力説しているポイントに線を引いたことになるだろう。著者の頭の動きに素直に従って読み進めるほうが、早く頭に入るからである。

そして二度目に読むときには、自分にとって大事なところに線を引く。時には著者の考えに異論を唱えたくなった個所に線を引き、自分の反対意見を余白に書き記しておく。

さらに三回目に読むことになったら、今度は友人や恋人との会話で使えるおもしろいネタとしての個所に線を引くかもしれない。私の場合には、市井の風物を取り上げたエッセイの材料がこうして集まってくることも多い。時間とともに進化するのは、人生だけではない。手元にある何でもないような一冊の本も、こうして自分とともにどんどん進化していくのである。

なお、私は本に限らず辞書でも、引いたところ、読んだところには鉛筆で線を引いたり印を付けたりする。こうするとしばらく経ってから二度目に調べたときに目に付きやすくなる。同じことを二度調べるということは、自分の仕事にとってかなり重要だということを意味している。しかも一度では頭に入っていないので、繰り返し調べることになったわけである。二度目には一度目よりもはるかに早く内容が頭に定着する。高校生の頃に、英和辞典をこのように使って真っ黒になったことがあるが、そのシステムをすべての本と辞書に拡張したのである。

クロスレファレンスを作る

ある程度本を読んで概要を把握したあとは、「クロスレファレンス」という手法を使う。「互いに引用しあう」という意味であり、本のなかにある必要な情報を効率的に抽出するためのシステムだ。

効率的にアウトプットを行うためには、入手した大量の資料のなかで必要とする個所が見えていることが重要だ。膨大な資料や書籍、データ群から、現在の目的に合致した情報をできるだけ迅速かつ楽に抽出したい。

そのために、クロスレファレンスを最初に作ってしまい、情報を縦横無尽に操作しながら料理していくのである。このあたりは理系がもっとも得意とするところでもある。自分にとって使いやすいシステムを早く確立するが勝ち、なのだ。

クロスレファレンスは本の巻末に付いている索引と似ている。しかしその機能はかなり異なっている。索引は本のなかで使われている用語のページを探すために用いる。調べたい単語がすでにわかっている場合には、索引が有効である。

これに対して、クロスレファレンスとは、最初から用語が決まっているのではなく、たくさんの用語や概念の間で関連性を見つけていくときに力を発揮する。クロスレファレンスというのは、本を読みながら読者自身がどんどん作っていくものなのだ。

読み手の目的に応じて、クロスレファレンスのシステムはすべて違ってくる。私の方法を紹介すると、文中のある用語のすぐ近くにカッコ書きで関連するページを書き込んでしまうのだ。

たとえばある本のなかで、二七ページにある用語「南海トラフ巨大地震」と、六九ページにある用語「西日本大震災」とが関連しているとする。この場合、「南海トラフ巨大地震」の近くに「(69ページ、西日本大震災)」と書き込む。

それと同時に、六九ページにある「西日本大震災」に添えて「(27ページ、南海トラフ巨大地震)」と記入するのだ。こうしておけば、「南海トラフ巨大地震」(二七ページ)を開いた場合にも、「西日本大震災」(六九ページ)がすぐに探しだせる。

つまり、あとで南海トラフ巨大地震からでも、西日本大震災からでも、お互いがすぐに見つかるのが、クロスレファレンスのシステムである。

このように説明すると、目次も同様の機能を持っていることに気づくだろう。目次に出ている大見出しと小見出しを見ながら、該当するページの見当をつけることができる。しかし、調べたい用語のすべてが見出しに出ているわけではない。また、目次は著者が作ったものであり、読者の今の目的に合致して作られているわけではない。

これに対して、クロスレファレンスは読者が作る。すなわち、読書メモと本の一体化という意味があるのだ。これは「一望法」の応用編でもある。

なお、クロスレファレンスは一冊の書籍のなかで完結するのではない。他の本への橋わたしにもこのシステムを使うことができる。こうした作業を続けていくと、自分の蔵書が有機的につながってくる。

すなわち、本棚全体が、世界で一つしかない自分の知的世界のネットワークとなるのである。クロスレファレンスを作りながら、一冊ずつ本を集めていく楽しみを知っていただきたい。

クロスレファレンスを一望できるシステム

パソコンで文書中の用語に検索をかけて探しだす作業は、本の巻末の索引に相当する。この場合、用語が確定していないと検索できない。もっとあいまいな検索をしたい場合に、コンピュータは融通がきかないのだ。

クロスレファレンスでは、用語は必ずしも同一でなくてもよい。関連する用語や概念をすべてクロスレファレンスでリンクしておくのだ。こうすると、網をかけたように、あとですべての必要な情報へたちどころにたどり着くことができる。

関連する内容が、どのページからもたぐり寄せられるというのは、大変便利である。アウトプットに必要な検索は、単一の用語とは限らないからだ。キーワードだけでなく、キーフレーズや、時には関連する図表までも検索できるとよいだろう。これらを互いに引きだせるように、最初からシステムを作ってしまうのである。

先ほど挙げた「南海トラフ巨大地震」「西日本大震災」の例では、互いをすぐに検索できるところまで作業を行った。その次に、表紙の見返しにある空白のページに書き込むのだ。つまり「南海トラフ巨大地震、西日本大震災（p.27, p.69）」と簡単に見出しを書いておく。

こうすれば、表紙を開いて見返しを見ただけで、重要個所がたちどころにわかる。本文中の「南海トラフ巨大地震」「西日本大震災」の用語、見返しの三者から関連事項を引くことが可能なのだ。私の持っている本の表紙裏にはこのような書き込みがしてあるので、何年も経ってすっかり内容を忘れてしまってもただちに情報が参照できる。

抽出した結果が一度に見渡せることは、クロスレファレンスの第一の特徴である。関連事項が一望のもとに把握できる機能を最初から持たせておく。クロスレファレンスは、関連する用語が一つ増えるに従い、記入すべき個所が倍々ゲームで増えていくことになる。逆に言えば、リンク先が多いほど、芋づる式に情報が引きだせる。自分だけが所有している、使い勝手のよい世界で唯一の本になるのだ。

探しものの時間をいかに省くか

クロスレファレンスのポイントは、きれいに書こうとか、表記を厳密に統一しようとか、そうしたことに労力は使わないことである。最小限のスタイルが確保されれば、それで大丈夫なのだ。私は「本は文房具として使うとよい」と提案してきたが、それはこういう使い方ができるからである。

クロスレファレンスは、あくまでも自分のためのカスタマイズである。自分がすばやく検索できることが第一で、それ以上でも以下でもない。どの用語を拾い上げるかも読み手の目的次第である。したがって、読み手によってクロスレファレンスの仕様はさまざまでよい。

自分の所有する本は、すべて自分だけのための仕様にカスタマイズしてしまう。カスタマイズとは、〝自分中心主義〟ということだ。これは効率を上げるために有効な、きわめて理系的な方法論なのである。

さらに、クロスレファレンスの利点は、自分がすでに見つけた情報をあとで探しだす時間を減らすことにもある。無駄な時間を最小限にするシステムなのだ。探しものに何時間も無為に費やした経験は、読者の誰もが経験していることであろう。

実際、探しものをするというのは、知的生産にとってもっとも無駄な作業なのではないだろうか。モノでも情報でも、あとで探す作業のいらないシステムを先に作るのが、理系的方法論なのである。

クロスレファレンスを作るために必要な作業は、鉛筆で互いのページを書き込むだけといったきわめて簡単なものだ。パソコン上でファイルの環境設定のために時間をかけるようなことは、一切必要ない。

実は、原始的な方法がもっとも時間を節約することになるのだ。本や資料を読み進めながら、気になる個所に鉛筆でどんどん書き込んでいけば、それでクロスレファレンスができ上がる。これだけのことで、楽に、そして瞬時に、必要な情報が取り出せるのだ。

楽をするということが、知的生産にとって第一のプライオリティとなる。理系のキーワードは、ここでも「楽に」「迅速に」なのだ。よって、本に線を引くときにも、よもや定規を当てるような正確な線引きは必要ないのである。

こうして情報を楽に取り出したあとは、頭をもっとクリエイティブなことに使う。換言すれば、前座の仕事でエネルギーと時間を使わない。もっと本質的な活動のために、貴重な頭を節約しておくというのがここでのポイントである。

メモはアウトプットのための途中経過

ではここからは、本に書き込むのではなく、ノートやメモ用紙など本以外のものにメモを取る方法について述べよう。

メモを取ると言っても、何でもいいから記録しておくために書く、ということではない。最初に目的をはっきりさせて、その目的を達するために書くのである。

私の場合、具体的には大きく分けて三つの目的がある。一つ目は本務の研究である。私は火山学を専門にしているから、九州や北海道といった国内の活火山はもちろん、ハワイやイタリアなど海外にもフィールドワークに出かける。長いときは三週間ぐらい泊まり込みで学術的なデータを採るわけである。これらのフィールドワークのデータをしっかりとメモしておき、いずれ論文にまとめるのが目的である。

メモを取る二つ目の目的は、原稿の執筆である。自分の考えをまとめたり、雑誌や書籍の記述を引用する場合に抜き書きしておいたりする。

メモを取る三つ目の目的は教育である。大学の講義のためのノートで、講義の前に内容や資料について記しておくのである。また、学生に指導するときにもメモを書いて渡す。教授が一〇の内容を話しても、学生はその場で聴いているだけでは一〇分の一くらいしか受け取れない。だが、話すだけでなく紙で渡せば、学生は繰り返し読んで自分のペースで理解できる。

ただし、私は講義のとき、書いたノートを見ない。講義ノートは頭のなかを整理するために使うので、見ながら話すわけではない。講義ではライブで学生にとっておもしろい内容を話すことが最優先である。

本来、講義は「活きた時間」なのである。たとえ立派な講義ノートを作っても、読みあげるだけの講義では活きた時間とは言えない。聴いている学生にとってはつまらないのである。

さらに言えば、メモは途中経過にすぎない。だから極端な言い方かもしれないが、途中のメモを残してはいけない。私の場合、最終的なアウトプットは論文や著書、講義というかたちになって残るので、途中のものは残しておく必要がないのである。

メモを取るのが好きな人が陥りやすい失敗に、ノートという途中の過程ではよく書けているのに、肝心のアウトプットのできがよくないということがある。書いたノート自体が美しい作品になってしまうと、かえって頭に残らない。

ノートに全精力を費やしても、頭を素通りしてしまっては、知的生産としてはムダである。ノートは単なる通過点で、他人にもわかる成果が出なければならないからだ。

有名な作家ならば、手書きのメモも後年に価値を持つかもしれない。しかし、普通の人が書いたものは、ただの書き散らした紙である。その書き散らしたメモから、いかに普遍的な考えに昇華させるかが勝負なのである。

もう一つ強調しておきたい。メモを取るのは、一次情報を自分の頭に固定するためである。メモの内容を要約するのは別の作業だ。二つの作業を一緒にせず、書き取るときには書き取ることに集中するほうが、ずっとよいメモが取れるのである。

このように理系人はできるだけ頭を使わない方策を採る。頭脳をフル回転させる思考と、単純作業とをきっちり分けるのだ。頭脳労働を節約することで、より知価の高い仕事を生みだすのが理系的な戦略である。

記録する情報によって何に書き込むかも変わる

では、メモの取り方について具体的に述べていこう。どんな情報を記録するかによって使うべき文房具が異なるので、ノートとメモ用紙とルーズリーフに分けて述べる。

ノートには連続性のある内容を記録する。たとえば、半年間の講義、何回か連続して聴講する講演会、朝から夕方まで数日間行われる学会などを記録するのである。同一のテーマまたは似たような内容で、連続的に情報を書きとめるのだ。

最初に日付と時刻を入れ、テーマ（表題）を一言で書く。キーワードを書いてもよい。本で言えば小見出しにあたるものを記入する。これであとから行う整理が容易になる。

ノートはテーマごとに分けて複数用意するとよい。ノートの表紙には、大きなテーマと日付を記入しておく。複数の日時にわたるときは、それらの日付をすべて表紙に書いておく。ノートの表紙は便利なインデックス（目次）のようにする。毎回のテーマ、つまり小見出しを書くスペースがあれば書くほうがよい。あとからでも、表紙を見ただけで、できるだけ内容がわかるようにしておくのである。ここでも「一望できる」がキーワードとなる。

ノートには、書きなぐってもかまわない。前の項で述べたように、「メモはアウトプットのための途中経過」にすぎないからだ。講演などをメモするときには、話をそのまま書き取るぐらいのスピードがあるとよい。

だが、速く書くにはコツが必要だ。ノートの罫線《けいせん》などは無視する。消しゴムは使わない。誤字は線で消すか、黒く塗りつぶしてしまえばよい。スピードアップのためなるべく省力化するのだ。

聴き取った言葉の漢字が頭に浮かばないこともあるだろう。そんなときは平仮名で書いてしまうことだ。漢字を思いだそうとする時間がもったいないからである。頭と手の働きを止めてしまってはならないのだ。

さらに、文字は自分があとで読みとれる程度の丁寧さでよい。ページもどんどん使ってよいのだ。かつて私が新聞記者の取材を受けたときに、その記者がノートにどんどん書きなぐっていき、ページを次々とめくっていたのが印象的だった。記者の書いた文字は、一センチメートル四方ほどの大きなものであった。

情報の取り方はまず自己流を確立すればよいのだ。その後、もっと効率的な方法へと少しずつシフトする。乱暴そうに見えても大事なことを書き取る自己流の方法を持つことが肝要である。

数字や人名、年号、単語なども可能な限り書きとめておく。アウトプットにそのまま使えるようなキーワードやキーフレーズは、できるだけ生で書き取るのである。というのは、あとで年代や正確な名前を調べるのは意外と手間と時間のかかる仕事になるからだ。もちろん、発表者・講演者が勘違いしていることもあるかもしれないが、それでも正確な情報にたどり着く手がかりになるのだ。

メモ用紙の使い方

メモ用紙はどのようなときにも、覚え書きとして活用できる。メモを取ることは物事を忘れないための最大の戦略と言っていい。よってメモ用紙とペンは手の届くあちこちに置いておく。

今、「メモを取ることは物事を忘れないため」と書いたが、実は話は逆で、メモ用紙に書いておけば忘れてしまってよいのだ。メモ用紙に覚えさせて「脳のメモリ」を使わないというのが、その目的である。理系人はここでも頭を使わないシステムを採用する。

書き込んだメモ用紙は、作業が完了したらすぐに捨てる。逆に、作業が終わるまではずっと残しておく。私の場合、作業が終わっていない物事を書き込んだメモ用紙は、机の上の目に付く場所にずっと置いてある。

これによって自分にプレッシャーをかけ、行動を促すのだ。ここで、一目で全体を見渡せるようにするという方法論が活きてくる。書き込んだメモ用紙を壁に貼ってもよいだろう。

メモ用紙には基本的に一つか二つぐらいの情報を書き込むのだが、時には複数の情報を書きつけることもある。この場合には必ず個条書きにして、項目の前にマルなどの記号を付けておく。特に大事な内容は、二重マルにする。そして項目を実行するごとに線で消していく。最後の一つが終わるまでそのメモ用紙は捨てられない。

メモ用紙に書き込んだ内容が、長期間（数週間、数か月以上）かかる案件となることもある。アウトプットのための発想を新しく得たようなときである。そうした場合には、作業がすぐには完了しないので、捨てるわけにはいかない。

こうしたメモ用紙は、たとえ内容が一言しかなくても、あとで述べるクリアフォルダーのなかに入れて保管する。このクリアフォルダーには付箋で項目を付けて、テーマごとの引き出し棚（透明のプラスチック製）に保管する。

大事なのは、バラバラのメモ用紙としては保管しないということである。必ずクリアフォルダー、引き出し棚というシステムのなかに組み込んでおく。後日このテーマに関連したメモ用紙が増えたときにも、即座にクリアフォルダー、さらに引き出し棚に入れることができる。このシステムのポイントは、思いついた発想をまとめておく入れ物を、思いついた時点で準備することにある。

なお、ここでは紙のメモ用紙の扱い方について述べたが、スマートフォンなどを使う場合でも考え方はほとんど変わらない。メモに書き込むべきポイントが部分的にでもまとまったら、スマートフォンから自分のパソコン宛にメールで送信する。そして自分の机に戻ったら、パソコンを開いてこれらのメモを整理する。こうすればどこでもテキストファイルで簡単に蓄積できる。

私のある友人はこの方法を進化させて、スマートフォンに音声で吹き込んでテキスト化したファイルを、そのままメールで送信している。一つ一つのファイルの内容は小さくとも、蓄積すると膨大な情報量になっていくのだ。今後もネット環境はどんどん変わっていくだろうが、メモの情報を保管し、あとで作業するシステムはまったく同じである。

ルーズリーフはノートとメモ用紙の中間形態

ルーズリーフはノートとメモ用紙の中間にあたるものである。ルーズリーフには一回限りの情報で、メモ用紙よりも長い内容を書き込む。たとえば単発の講演会の筆記録などである。またメモ用紙よりも長い時間保管することを想定している。加えて、普通のノートだと、あとで順番を入れ替えることができないが、ルーズリーフなら自由に綴じ直せるから便利である。

ルーズリーフはデザインや紙の質に凝ったような特別なものは必要なく、市販されているA4サイズで罫線のあるものなら何でもよい。外出先などどこでも手に入るよう、逆に特別なものでないことが大事である。

メモを取るポイントとしては、テーマごとに必ず別のルーズリーフを使い、片面だけに書き込むことである。三つテーマがあったら三枚使うわけである。裏面は追加情報のために空けておく。雑誌の切り抜きや資料のコピーなど、書き写す必要のない場合はそのままステープラーで綴じる。

ルーズリーフには必ず通し番号を入れる。また、ノートと同じく日付と時刻を入れる。ルーズリーフ何枚かにわたって書き込んだら、最後に必ずステープラーで綴じる。それらはメモ用紙と同様に、クリアフォルダー、引き出し棚という整理システムのなかに組み込む。

なお、二六穴や三〇穴のルーズリーフ用のバインダーも市販されているが、あまり効率的ではない。それよりも、ルーズリーフのままステープラーで綴じてしまうほうが、移動性が高いので便利である。

ルーズリーフは単発のテーマを書き込んであるので、他のテーマのクリアフォルダーに簡単に移せるという可動性が一番の強みなのだ。バインダーに綴じてしまうと、その利点が失われてしまう。ステープラーで綴じてからバインダーに入れてもよいが、それでもバインダーは仮の置き場という位置づけで用いるべきである。というのは、バインダーは資料を死蔵する可能性が高いからである。

ルーズリーフの内容で文章化する必要があるものは、あとで必ずパソコンに入力する。ルーズリーフのままでは放置しない。メモ用紙とノートの中間という位置づけは決して変えないほうがよい。ルーズリーフに書かれた内容を整理して、アウトプット用の情報へと加工しておくことが大切である。

クリアフォルダーの使い方

それでは、メモ用紙やルーズリーフを保管・整理するときに役立つクリアフォルダーについて述べよう。

クリアフォルダーはプラスチックでできていて、上と横の二方向だけ切れている透明のフォルダーである。私はA4サイズのものを使用している。絵柄が印刷されているものは使わない。表も裏も透明で、中身が全部見えるものを選んでいる。

一つの案件・テーマに対し一枚のクリアフォルダーを使うため、予備として五〇枚ほど常備し、常に二〇〇枚以上が稼働している。書き込んだメモ用紙やルーズリーフ、新聞や雑誌から切り抜いた記事などをテーマごとに、クリアフォルダーに入れてしまう。

そして、いつもクリアフォルダー単位で情報を整理するのである。進行中の案件にはクリアフォルダーを用いる。並べ方としては、内容別に分類するのではなく、時間順に並べるのがよい。

クリアフォルダーは透明なので外から中身がよく見える。一〇枚程度重ねてもそのまま持ち運べる。クリアフォルダーに仮綴じしたコンテンツが、研究室や書斎のなかをあちこち動き回るのである。

最終的なアウトプットとして報告書などを書き終えたら、永久保存分を除いて中身は捨ててしまう。永久保存分が溜まってきたら、たとえば一年に一度ぐらいの頻度で、さらに内容を厳選し、第二次永久保存分としてクリアフォルダーに入れる。

こうして、メモや資料がどんどん溜まっても、永久保存分の次数が増えるだけで、総量は増やさないのである。総量は自分の持っている研究室や書斎の大きさが決めている。それ以上は入らないし、入りきらないものは押し出されていくのだ。こうした押し出しのシステムは、野口悠紀雄《のぐちゆきお》『「超」整理法』（中公新書）の説く〝時間的な押し出し法〟と同じである。なお、野口氏は封筒を使っているが、私は中身がそのまま見えるクリアフォルダーを勧めたい。

新聞・雑誌記事の整理法

第4章で新聞・雑誌からの情報収集法について紹介したが、ここまで述べてきたクリアフォルダーを使うシステムを前提に、整理法をまとめておこう。

私は、新聞や雑誌を読んでいて重要だと思った記事は、すぐに切り抜いておく。おもしろいと思ったところは、線を引いて、自分の感想やキーワードを書き込んで、新聞名、雑誌名とページを記入して切り抜いてしまうのだ。

電車のなかなどハサミのないときには、印を書き込んだページだけ破り取って持って帰る。残りは捨てて量を減らす。切り抜いた記事は一枚ずつ独立してルーズリーフに貼りつけ、メモ用紙の整理と同様に、クリアフォルダーで整理する。

また、新聞名をいちいち書き込むのは大変だから、自分でわかるように省略して書いておくとよい。たとえば、『読売新聞』は大文字の「Y」、『朝日新聞』は大文字の「A」、『毎日新聞』は大文字の「M」、また朝刊なら「m」、夕刊なら「e」と書いておく。「Ae」「Ym」などと表記するわけである。

新聞は読んですぐに切り抜いてもよいが、一週間分を週末の空き時間にまとめて片づけるのも効率的である。その場合、新聞の一面の余白などに切り抜くべき記事の一覧をメモしておくと便利である。たとえば「3下」は三面の下、「2◎」は二面に二つ記事がある、という具合である。

こうしておけば、日付と「Me」などのチェックが入っているので、一目瞭然である。作業がぐっとスムーズになる。

また、切り抜いた記事を、その内容に関連する手持ちの本に挟み込んでおくのもよいだろう。たとえば、ファーブル『昆虫記』の書評は手もちの『昆虫記』のなかに、また吉本隆明の論評は彼の著書に挟んでしまうのだ。

すべて自分の目に触れた情報は、必要な場合にすぐ使えるかたちで取っておく。同様に、他の書籍へのクロスレファレンスが生じた場合も、切り抜いた新聞や雑誌の隅にその書籍名を書きとめておくのである。

メモを取らない読書も重要

本章では読書メモの取り方について述べてきた。だが、ここまで述べたことと一見矛盾するようだが、実はノートを取らずに本を読むというのも重要な課題である。

これは、ボーッと読んでいても頭に残ったことだけが、自分にとって大切なことである、という心理学の方法である。メモを取らなくても、無意識は大事なことをしっかりと吸収するものだからだ。

むしろノートを取らないほうが無意識は活動する。無意識を働かせて読み流しながら、全部読み終わって少し休憩を取ってから、ゆっくりとポイントをまとめる。これこそが自分のなかに残ったオリジナルの貴重な内容である。

このテクニックは読書メモの取り方としては上級編である。読書メモの基礎編を身につけたら、無意識を働かせる方法もぜひ試してはいかがだろうか。詳しくは拙著『成功術　時間の戦略』（文春新書）の第7章「無意識活用法」をご参照いただきたい。

理科系の読書術の考え方

ここで本書のまとめとなる考え方について述べておこう。知的生産を行う上で生じるすべての課題は、システムにある。「理系のアタマの構造」というような抽象的な話ではなく、システムの問題として具体的に捉えることが重要である。理系人はどういうシステムで日常が動いているのか、という単純な話なのだ。

ここで重要な概念は、「要素に分解する」と「実験してみる」という二点である。細かく問題点を分解し、いろいろ試行錯誤をしながら実験してみることで、システムを作っていくのだ。要素分解＋実験という方法論さえ身につければ、理系的な動きができる。そしてシステムに任せてしまえば、簡単に動きだす。これを「要素分解法」と名づけた。

文系人も、日常生活にこのシステムを取り入れれば、誰でも理系の動きができる。大切なことは、本書で知った理系システムを、今から実行してみることだ。システムというのは頭で理解しただけではダメだ。とにかく実際に自分で動かしてみるのである。

何でもそうだが、行動してみることではじめて身につく。やってみると、こんな簡単なことだったのかと拍子抜けするほどであろう。新しいパソコンを買っても、使ってみなければ宝の持ちぐされだ。コンピュータは使えば使うほど、機能に熟達するが、システムもまったく同じなのである。

さて、ここでもう一度、理科系の読書術の根底にある考え方を整理しておきたい。読書術でもっとも大事なことは、その技術が簡単でなければならないということである。すなわち、読者が現在行っている読書術よりも新しい読書術のほうが楽なときに、はじめて採用できる。

使うエネルギーのより少ないものでなければ、わざわざ新しい方法を実行することはないのだ。

本書で紹介してきた「棚上げ法」「不完全法」は、技法のなかでももっとも手抜きを勧める方法論である。読者が真っ先に楽のできるテクニックと言ってもよい。

そもそもシステム変更のために人が費やすエネルギーは莫大なものである。極言すれば、無駄なエネルギーと言ってもよい。省エネルギーとなる方法論でなければ、人は採用できないのだ。

世のなかには読書術について述べた本がたくさん出版されている。そのなかにはよく書かれている本もあるが、かなり面倒でとても実行できない方法が多い。その本の著者自身は大変几帳面だから実行できるのだろうが、「私には到底無理だ」と思わざるをえない本が多数ある。

これに対して、本書で提示したのは、ズボラで常に楽をしたがる人に向けて私が編みだした、理系的な手抜き読書術なのである。

楽をするというのは、科学技術の基本にある考え方である。もともと理系人は楽をしたがる人種なのだ。しかも理系人は「システムで世界を見る」という考え方を持っている。

換言すれば、楽のできるシステムとは何かをいつも模索しているのだ。したがって本書でもさまざまな方法を紹介したが、読者が現在持っているシステムよりも簡単で、しかも効果のあるものだけを使っていただきたい。

この考え方は、実は、人間の活動のすべてについて当てはまる。たとえば、人間関係でも、使うエネルギーを減少させる方法論を採用するのだ。そうでなければ、今までの方法を続けるほうがずっとよい。そもそも異なる方法論を採用すること自体が、エネルギーを費やすことになるからだ。

これまでの方法を変えるためのエネルギーを費やしても、なお低エネルギー消費になることが担保されてはじめて、新規の方法に乗り換えることに意味が生ずるのだ。キーフレーズは、「省エネルギーとなる技術だけを人は採用できる」である。

読書スタイルを「カスタマイズ」する

本書でも何度か言及してきたが、私は学生から読書の方法について尋ねられることがある。速読か精読か、長時間読書か短時間読書か、メモを取ったほうがよいか否か、黙読か音読か、などである。こうした場合に、私は「まず自分のスタイルを確立せよ」と回答する。

すなわち、目的がはっきりしていて、視野が広がるような「感覚」が得られれば、どのような様態でもよいのだ。大事なポイントは、雑多な情報を頭に入れるために漫然と読書するのではなく、最終的な「知的生産」が目標となる。

さらに、時には「知的消費」という行為が達成されるために読む、ということでもよい。いずれにせよ、自分が目指す点を明確にして読書することが「理科系の読書術」のポイントとなる。そのために、これも繰り返し述べてきたことだが、読書スタイル自体を自分で「カスタマイズ」することが肝要なのである。

さて、ここで読書術において、意外ではあるがきわめて重要な点について述べておきたい。それは「本を読まない技術」というものである。私の場合、大学の研究室にも自宅にも本が溢れかえっており、書評の連載をいくつか抱えている。しかし、四六時中本を読みつづけているのではなく、本をいかに読むか、もしくはどこを読み、どこを読まずに済ませるか、に絶えず腐心しているのだ。これについてはあらためて補章で詳しく論じることにしよう。

補　章

読まずに済ませる読書術

補章のポイント

・本は容易に再入手できる
・「愛蔵」は「死蔵」かもしれない
・読書で「想定外」に対処する
・「今、ここで」を生きる読書術

本書の最後に補章として、これまでの章で紹介した技術をもとに読書術の未来について述べておこう。キー概念は「読まずに済ませる読書術」である。少し乱暴に言えば「読書に溺れる人生」から引き返すのだ。この話は他人事ではなく、私自身の苦い経験に裏打ちされた提言でもある。

本好きの誰もが経験することだが、本はひとりでに増えていく。いや、「ひとりでに増える」というのはウソで、本当は私自身が欲しい本を次々と買ってくるからだ。しかも、明らかに自分が読める量以上の本を入手している。この問題はすべての読書人が経験していながら、見て見ぬふりをしていると言っても過言ではない。

さて、本書の第I部では、「読めない」ところは飛ばしてよい、ということを伝授した。

第Ⅱ部では、アウトプット優先の観点から、今必要のないところは読むな、どしどし飛ばしてできるだけ少なく読め、と指南した。いずれも、「読まずに済ませる読書術」に向かうプロセスである。

言い換えれば、第Ⅰ部と第Ⅱ部で提示したのは「いいとこ取り」をする読書術である。これによって、最大限の情報収集を果たすことを目的とした。これが可能になれば、読書が苦手だった人も立ち直ると思ったからである。

補章では第Ⅰ部と第Ⅱ部を卒業した人へ語りかけたい。もう十分に読書の基本技術を身につけて、どんなに分厚い本でも難解な哲学書でも平気になった人だ。さらに、もともと本の虫で、ヒマさえあれば読書しているような読書家たちへのメッセージである。

過去の「ストック」から解放される

現代という時代は、そもそも本を大量に所有することに、さほど意味がなくなってきている。まずインターネット環境の進化で、たいていの本は驚くほど短期間で入手できる。いったん手放した本でも、ネットを利用すれば買い直すことも容易になった。よほどの稀覯本《きこうぼん》でもない限り、再び入手できるのである。

さらに、現代はレンタルの仕組みが高度に発達し、ものを所有することにあまりこだわらなくても済むようになった。こうした時代には、物質としての本はどんどん溜まっていくだけで、可動性を邪魔《じゃま》する以外の何物でもなくなっている。そして書棚に長く滞在している膨大な過去の書物を読み返す機会は、実はそれほどないことに多くの人が気づいている。

そうであれば、限られた住居スペースを圧迫してまで本を取っておく必要はない。したがって、どうしても手元に置きたい本だけを残し、なるべく家に置かないほうが現代的な生活となるのだ。

ところが、読書好きの誰もが経験するように、それは思ったほど容易ではない。そもそも本とは人類の知的遺産である知識のストックである。しかし、このストックは過去の蓄積なので、それに囚《とら》われると未来に対する動きが鈍くなるのだ。そこで、ここでは過去への依存に変革を迫りたい。キーフレーズは「ストックからフローへ」である。

ストックとフロー

ストックとは経済用語で「備蓄」を意味する。一方、フローは「流れ」である。経営用語で現金の流れを重視する経営のことをキャッシュフロー経営と言う。キャッシュフロー経営では、たとえ借金していても、現金が回りつづけているうちは経営が成り立つと考える。つまりストックがプラスだろうとマイナスだろうと、そのとき必要な現金があればいいという考え方だ。

ライフスタイルで言えば、フロー型のライフスタイルとは、余分なものは持たずに必要最低限で済ませる生活様式である。一方、ストック型ライフスタイルとは、必要以上に物を抱え込む生活様式だ。

たとえば、歩いて行ける距離を移動するために自動車を所有したり、夜中におなかが空くかもしれないからと冷凍食品をどっさり買い込んでみたりする。これらはみんなストック型の生活だ。

さて、ストックとフローは、実は地球科学のテーマでもある。地球の歴史は物質のストックとフローを繰り返してきた。たとえば、われわれが使うエネルギーの大部分は石油、石炭、天然ガスといった化石燃料である。

石炭は地下に埋もれた植物の遺骸が岩石の圧力を受けて変化してできたものだが、石炭化するには何千万年もかかる。一方、石油は生物の遺骸からできるが、こちらも同じく何千万年という時間をかけて、炭素と水素を含む化合物である石油へと変化したものだ。

石炭が大量に採掘されるようになったのは一八世紀に産業革命が起きてからだ。さらに、石油が利用されるようになったのは一九世紀後半以降なのだ。以来、人類は石炭や石油をものすごいスピードで消費している。

石炭が主なエネルギーとして使われるようになって約三〇〇年、石油は約一五〇年しか経っていない。つまり地球が石炭や石油をつくりだす一〇万倍のスピードで、人類はそれを使い果たそうとしているわけだ。

今のように大量の資源を使う生活を続けていれば、そう遠くない未来に資源は枯渇する。この大きな問題を解決しないかぎり、人類がエネルギー問題から解放されることはない。

現代社会では化石燃料はみな商品として扱われ、換金される。そしてお金自体がストックの巨大な対象だ。本来、お金はものと交換するための道具にすぎず、日々の生活に困らない額を稼いでいれば十分なはずだった。にもかかわらず、多くの人々は少しでもお金を貯めようと身を粉にして働く。

そして書籍も同じ状況にある。読書好きは、すでに本を大量に持っているのに、さらに買い込もうとするのだ（私もまったく例外ではない）。

「未開人」の「ブリコラージュ」

ここで文化人類学者レヴィ＝ストロース（一九〇八～二〇〇九）が提案した「ブリコラージュ」を紹介したい。私たちが暮らしている現代社会は、急速に進歩を遂げていく社会である。これに対して、アフリカや南米に残っている「未開人」の社会は、何千年も変わらないという。

レヴィ＝ストロースは、こうした「未開」社会を研究し、彼らの社会がきわめて合理的であるという驚くべき事実を次々と発見した。「未開」という言葉が表すような劣った暮らしをしているわけでは決してなかったのだ。

「未開人」の社会には、今そこにあるものを使って逞《たくま》しく生きていく知恵がある。彼は主著『野生の思考』で「ブリコラージュ」（フランス語で、日曜大工の意）という言葉を使い、彼らのすぐれた知恵を紹介した。

「未開人」が暮らしのなかで所有できるものは、現代人と比べれば桁違いに少ない。どれだけ工夫して日常に必要なものを作りだせるかが、生死を分けることになる。たとえばテーブルが欲しいなら、海辺に流れ着いた木を何本か拾ってきて、ちょうどよい具合に組み合わせる。レヴィ＝ストロースはそこに大きな驚きと共感を持った。

実は、この能力は科学者にも関係がある。実験・研究をしようというとき、とりあえず入手できるものを使ってやってみるのだ。実験器材だけでなく、コンピュータのプログラムから数学的理論まで、使えるものは何でも使うという知恵を働かせなければならない。

制限された環境のなかで仕事を進めていく能力があれば、ほかの現場でも役に立つ。「未開人」が生き抜いてきた知恵には、知的な逞しさの持つ汎用性が隠れているのである。

必要なものはすでに自分にある

実際、人類も、今あるものを使うというやり方で生き延びてきた。文明が発達すると、人間は最初に設計図を描き、それに基づいて必要な材料を集めて組み立てる「エンジニアリング」でものを作るようになった。

しかし、ブリコラージュを忘れてしまったわけではない。日曜大工でなくとも、たとえば冷蔵庫を開けてありあわせのもので一品料理を作るのもブリコラージュである。現実社会を逞しく生きるために、われわれは今もブリコラージュを使っている。

極言すれば、現代のわれわれに必要なのはエンジニアリングよりブリコラージュなのである。あるべき姿から逆算して足りないものを探すのではなく、今手にしているものを使ってベストを尽くす。それが絶えず変化する「非可逆」の世界を生き延びるための知恵であり、本来の野性を取り戻すための特効薬にもなる。

今あるものに目を向けたほうがいいことは理解しつつも、どうしても足りないところが気になってしまう人は、「自分に足りないものはない。必要なものはすでにすべて持っている」と発想を変えてみてはいかがだろうか。

現代のビジネス書の多くは、「困難に直面したら新たなスキルを獲得して解決しよう」と雄弁に説く。しかし、これは喩《たと》えてみると、何か欲しいものがあるときに、自分がこれまで蓄えてきた預貯金を無視して、いきなりローンを組むようなものではないか。

困難に出くわしても焦る必要はない。それを乗り越える知恵はすでに自分のなかにある。これは読書でも同じことである。ここから「ストックからフローへ」というライフスタイル、すなわちフロー型の読書人生を提案したい。

フロー型生活の第一歩は、捨てることだ。自分が持っているもののなかで今使っていないものは、とにかく捨てるのだ。私もストック型の生活に疑問を持ちはじめて以降、身の回りのものを整理してスリムにすることを心がけている。そのためにいろいろなものを処分したが、なかでも大きかったのは本の存在だった。

愛蔵と死蔵

読書好きの方にはわかっていただけると思うが、本はかさばるため空の本棚を用意してもすぐ埋まってしまう。私も自宅の書庫が早い段階でいっぱいになったので、途中からはトランクルームを借りて本を保管していた。

本は大好きだが、このまま私が抱え込む意味はあるのだろうか。そんな疑問が湧いてきたとき、トランクルームは一〇室に達していた。処分するかどうか迷っていた私の背中を押したのは、あるとき本に生えたカビだ。トランクルームが地下にあって風通しが悪かったせいか、置きっぱなしにしているうちにカビが生えてしまったのだ。

私は本を「愛蔵」しているつもりだった。しかし、実際はカビが生えて「死蔵」になっていたのだ。ストックして満足しているのは私だけで、本自体は活躍の場を失って朽ちていったわけだ。愛すべき本を死蔵するくらいなら、より多くの人に読んでもらったほうがいい。そう判断して、大量の本をすべて古本屋さんに引き取ってもらった。

本には資料的な価値がある。そのため捨てる前は、処分すると仕事に支障が出るのではないかという不安があった。しかし、処分した本から引用する必要が生じることは滅多になかった。

確かに必要になったケースもあったが、今はインターネット書店ですぐに古書が手に入る。再入手した本は、また手放すことで市場に出回り、その本を必要とする人のもとに届く。このように本に関しては、必要なときだけ使うというフローの仕組みができ上がっている。

そして私自身、本を処分してよかったこともある。最初はトランクルームにあった本すべてを売るつもりだった。しかし整理していくうちに、これだけはどうしても手放したくないという本が何冊も出てきた。

今手放したくないと感じるのは、現在の私にとって必要な本だからだろう。ずっとトランクルームに入れっぱなしでは、それに気づくこともなかった。自分の人生にとって本当に必要な本が、こうして見えてきたのである。

本を減らす

私は、フロー的な生き方が大切であることは、うすうす感じていた。しかし、トランクルームの失敗のあと、あらためてもう一つぼんやりと感じていた問いに答えを出す決心をした。「自分が今ハンドリングできる以上のものを持たない」ということだ。

ここで言う「ハンドリングできる」とは、「使いこなせる範囲」という意味だ。この範囲には、空間的な範囲と時間的な範囲の二つがある。これは、「バッファー法」で述べたのと同じだ（第5章参照）。

それは「自分で覚えていられる範囲」という意味でもある。さらに、私の場合は、「次の著作で役に立つ範囲の本」というのも、ハンドリングの総量を決める基準になった。配偶者など一緒に暮らすパートナーがいる場合は、相手の機嫌を損ねないということも基準になるかもしれない。ハンドリングのなかでも、「人間関係のハンドリング」はとても重要だからだ。

反対に、一人暮らしの場合は、自分の部屋のキャパシティがハンドリングの範囲になるだろう。部屋にたくさん荷物があっても気にならない人は、部屋の空間すべてがこの範囲になる。私の友人にもいるが、本で埋め尽くされた自室は、まるで潜水艦のような光景である。彼はそれでもいたって満足なので、それでかまわない。

ちなみに、このハンドリングは有効のように見えて、案外難しいものがある。潜水艦状態のなかで仕事をしている友人もそうだが、大地震が来たときに、果たして大丈夫だろうか。書物に埋まらない状態まで、果たして彼は長年かけて集めた本を減らすことができるだろうか。

実は、拙著『日本の地下で何が起きているのか』（岩波科学ライブラリー）で述べたように、二〇三〇年代には南海トラフ巨大地震（西日本大震災）が必ずやって来るし、直下型地震は日本列島のどこで起きても不思議ではないのだが。

とにかく、私は「自分がハンドリングできる範囲」という基準を自分自身に課して、本の整理を始めた。正直に言うと、まさに「やっとこさ開始した」という感じだ。

すると不思議なことに、書物だけでなく、衣服や文房具、CDやDVDなどもその基準で整理することができた。私はファッションが大好きで、好きな服は衝動買いしてしまう。京都大学に着任して以後のボーナスはほとんど衣服に費やしてきた。その結果、ハンドリングできない服がいくつも出たのだが、それらは学生たちに配った。

つまり、ハンドリングできる範囲が確立すれば、フロー的な生き方によってものを溜め込む事態から解放されるのである。私も最近は安心して新しい本やCD、服を買っている。

フロー型の読書人生

「今あるものを利用する」生き方は理想だが、言うほど簡単なことではない。人は常に不足分に目が行くからだ。

書物で考えてみよう。読書好きは新しい本が出ると興味を示し、少しでも必要性を感じればぜひとも入手したいと思う。もし品切れだったり絶版だったりすれば、古本屋に出向いたり、ネット古書店で注文したりする。

もし手に入らなければ、入手できない自分を入手できた自分から引き算するイメージを持つ。ここには、知の遺産という美しい文言に隠れて、ストックに対する根強い願望が隠れている。

入手できない本は諦め、入手できた本だけで満足することは、意外と難しい。蔵書のドクサ（人間を絶えず惹きつけるが、必ずしも幸福にするとは限らないもの）から解放されるためには、理想の書斎を基準にするのではなく、今あるもので済ませる発想が必要だ。それを実践しようとすれば自然にフロー型の読書人生になる。あえて言えば、人生をよりよく生きることとフロー型ライフスタイルは表裏一体なのだ。

今あるものを使っていく生き方を突き詰めるとフロー型のライフスタイルに行き着く。ものを抱え込まない生活に幸せを見出せるようになれば、次第に過去にこだわる生き方に魅力を感じなくなっていくだろう。こうしてフロー型の読書術は、第Ⅱ部までに述べた読書術を根底から超えていくのである。

「想定外」に対応する読書術

ここで目標達成型思考を基本とするビジネス書や自己啓発書のあり方について考えてみよう（以下では一括して「ビジネス書」と呼ぶことにしたい）。書店ではビジネス書にかつて見られたような勢いがない。書籍全体の売り上げがじりじりと悪化する状況で、ビジネス書も売れなくなっているのだ。

一体どうしてビジネス書離れが起きているのだろうか。その原因は、おそらく二つある。一つは、ビジネス書の根底に流れる思想に、読者が疑問を持ちはじめたこと。もう一つは、その思想を信じていたとしても、教わったことの実行に疲れてしまったこと、である。

では、ビジネス書の根底にある思想とは何だろうか。それは、「未来はコントロールできる」という考え方である。多くのビジネス書は、最初に自分の理想を目標として定めることとを提案する。その後、目標に到達するために足りないものを洗いだし、計画を立てて実行する。そうすれば必ず理想は実現できる、という論理で書かれている。

言わば計画主義、あるいはマネジメント主義なのだ。時間管理術やプレゼンテーション能力を磨く本なども、この例外ではない。すなわち世のなかのすべてのものはコントロール可能で、正しくマネジメントすればどんな目標でも達成できる、という考え方から派生したものと言えるだろう。

ビジネス書が主にスキルの面から理想の実現を支えるものだとしたら、意識面から支えるのが、いわゆる自己啓発書である。「このように心がければ人間関係はよくなる」「意識をこう変えれば人生はうまくいく」というように、自分の心のあり方を変えることで理想を手に入れようとするわけだ。

著者たちはこう説得する。仕事や人生の成功は、物事を正しくマネジメントしたり、意識を変えることで手に入れられる。ビジネス書は、この考え方を背景にして読者に夢を与え、自己の成長を促してきた。

ところが近年、読者はこの考え方に疑問を持ちはじめている。理想を実現する計画をいくら綿密に立てても、それは机上の空論に終わるのではないか。世界はもっと「不確定」なもので満ち溢れていて、未来は決して思うようにコントロールできない。そもそも二〇一一年に起きた東日本大震災ですら「想定外」の連続で、巨大な災害となったではないか。どれほど準備をしていても、実生活では想定外の出来事が起こりうる。そうした現実を目《ま》の当たりにすれば、計画主義だけに頼ることへ疑問を持つのも致し方ないところだ。こうした感覚は、それはそれで説得力があるのである。

過去のフレームワークから自由になる

さて、先ほど紹介した「カビ事件」の後、数年が経過したらやはり本が増えてきた。元の木阿弥《もくあみ》状態になってしまったのである。そんなとき、ある人からショッキングなことを言われた。

「学者さんはみな過去の知識で生きているが、これからは明日に生きてみてはどうですか？」すなわち、蔵書は過去の人類の知の遺産なので、そこから脱却する仕事をしたらどうか、という思いもかけない提案である。

私はこのアドバイスに従ってみようと思い立った。とりあえず、身の回りにある本のうち九割を外へ出してみた。定年退職まで三年半あることを鑑《かんが》みて、研究室の空きスペースに自宅にある九割の本を持ち込んだ。そして、定年時には自宅へ持ち帰らない覚悟で、本当に必要な本をこの間に選別しようと思ったのである。

驚いたことに、蔵書を出してみたら急に体が軽くなった。また、さらに驚くべきことに、蔵書がなくてもさほど困らなかった。未来に向けて生きるには、本がなくても可能だったのである。

このときから、これまでとはまったく異なる新しい本とのつきあい方が始まった。それは自分でも不思議な体験だった。キーフレーズは「過去の蓄積にすがることなく、未来を見る」である。「想定外」という概念を読書術のなかに入れると言ってもよい。

そもそも読書という行為は、読む人に何らかの変化が起きてはじめて意味がある。すなわち、読書で生き方が変わるということだ。文字を追いかけて知識が増えただけでは、人の中身はまったく変わらない。その反対に、今までの自分の生き方を変えてしまうぐらいの感動があったときに、読書という体験ははじめて活きるのである。

本との偶然の出会いが、人をみるみる変えていく。本を読みながら、その都度自分が変わっていく。すばらしいことだが、こういう体験は滅多に起こらない。しかし、起きるべきときには必ず起きる。

そして自分を変えるには、過去のフレームワークから自由にならなければならない。このためには大きな力が必要だ。変革のエネルギーをつぎ込むことによって、時間をかけて徐々に脱皮していく。こうした読書を実現するには、読む作業そのものが真剣勝負になる。変革の経験を伴う読書は最高の読み方で、読書の終着点と言ってもよい。本から得た教養が自分の血肉となってきた証《あかし》にもなる。

「今、ここで」を生きる読書術

最後に「今、ここで（here and now）」を生きる読書術について述べてみよう。新しい読書の目標は、本を読むことにより「今、ここで」のライフスタイルに転換することだ。

「今、ここで」を生きるとは、現実社会でないものねだりをせず、現実をありのままに受け入れる生き方である。ありのままに受け入れると言うと、「気に入らないことも我慢しなければいけない」という意味に受け取る人がいるかもしれない。しかし、「今、ここで」は、もっと積極的で主体的な態度である。大多数の人はこうした生き方をしていないが、この転換に読書の果たす役割が非常に大きいと私は考えている。

わが国には「ない袖《そで》は振れない」という慣用句があるが、ここで「振れない」を「振らない」に転換してみよう。「振れない」と言えば受動的だが、「振らない」と言えば能動的になる。すなわち、同じく振ることが不可能ならば、ネガティブではなくポジティブに見方を変えるのである。

このことを心理学では「感受性の角度を変える」と表現する。事実としては同じことでも、

「感受性の角度」、すなわち視点を変えてみると状況が変化しはじめるのである。

そして「ない袖は振らない」という見方は、「ある袖だけを振る」という見方へつながっていく。足りないものに焦点を合わせてイライラを募らせるよりも、感受性の角度を変えて「ありあわせのもので何とかする」と考える。これは先のブリコラージュとつながる方法論だが、「ポジティブに諦める」と言ってもよい。

足りない状態を我慢するのではなく、今あるものをどうやって活かそうかとワクワクしながら考えているイメージ。ここからすべてが始まるのである。

そして、諦める最大の対象は、実は過ぎ去った「過去」なのである。プラスであれマイナスであれ、引きずってきた過去を捨てた途端に新しい地平が開けてくる。

よい意味で開き直り、起きることを自然体で受けとめ、今持てるものを活かしていく。それが「今、ここで」のライフスタイルへの転換なのである。読書についても、自分の感性で本を選んで「今、ここで」読みはじめる。

そうしているうちに本への執着や読書に対する強迫観念が次第に薄らいでいくだろう。そして一番自分らしい読書術が誕生してくるのである。書籍とは過去の人類が残したすばらしい遺産だが、それでも「今、ここで」のふるいに残ったものだけを自分の未来へつなげる。これが本当の意味での読書術の「カスタマイズ」なのである。

おわりに

世間では読書術というジャンルの本がたくさん刊行されている。本好きの私もこうした本を買い込んで、さまざまな読み方があることを知って楽しんでいた。一方で、そこで披露されている読書のテクニックには、使えないものも多い。とても便利で強力なのだが、その読書術を使いこなすには大変なエネルギーを必要とするのである。

こうした経験から、本書では私が「これは使える」と思った技術に絞って解説してみた。すなわち、「カマタの使った読書術」である。

実は、読書を妨げる最大の障壁は「心のバリア」である。余計な思い込みが制限をかけて、楽な読書を妨げているのだ。時には自分の見栄《みえ》が障害を生んでいる。冷静になって、こうした点を炙《あぶ》り出したのが本書の特色とも言えよう。

換言すれば、これまでに流布していた読書術には、本を読む大前提をよく理解していないものが多かった。そのため、読書術は難しすぎて使えない、と思う人たちを多く生みだしてきたのである。

たとえば、古典を読む際に、原典に当たらなければならないと説く学者がいるが、私に言わせれば無謀である。原典に挑戦して三ページで降参する人の何と多いことだろうか。また、原典を読む前に解説書を読むことは恥ずかしいという学生がいる。これも間違いであると私は思う。読みやすいガイドを頼りにしながら先に内容を把握するほうが、あとでずっと楽に原典に近づけるからだ。

確かに原典を繙《ひもと》くのは古典学習の王道だろうが、それは後回しでもよいのである。ここで初心者に王道を振りかざすのは、主観的な判断でしかないだろう。こうした、合理的ではない主観的な価値判断を入れずに本にアプローチすることで、読書は格段に身近で楽しいものになる。

実は、読書の初心者にとって、読書を苦行にしているのは、本人の「実力不足」ではない。すなわち、難しい話は苦手だから、漢字を知らないから、といったことではない。また、活字を目で追うのが遅いから、というような「技術不足」でもない。一番大きな原因は「心のバリア」にあることを、私はうすうす感じていたのだが、本書を書くにあたってその思いを再び強くした。

ちなみに、科学の作業は「冷静に現象を見る」「感情を交えずに取り組む」「余分な価値観を挟まない」というところで行われる。こうした方法論を、心のモヤモヤを少しでも消すために使ってみたのである。

したがって、本書では精神論ではなく、心のバリアを解き放つ具体的な指示に多くのページを割くことにした。言わば、心のモヤモヤを減らすテクニック集である。

これらは読書の「基礎の基礎の基礎」と言っても過言ではない。読書に対する感受性の角度が少しだけ変わることによって、それまで苦手だった人も楽に読めるようになるのではないだろうか。読書術の類書をいくら読んでも、読書に対する「心のバリア」が残ってしまった方にぜひお読みいただきたい。

最後になりましたが、中公新書『マグマの地球科学』と『地球の歴史』(全三巻)に引き続いて、本書の企画から完成に至るまで大変お世話になりました中公新書編集部の小野一雄さんに心よりお礼申し上げます。

二〇一八年二月

鎌田浩毅

鎌田浩毅（かまた・ひろき）

1955年（昭和30年），東京都に生まれる．1979年東京大学理学部地学科卒業．通産省地質調査所，米国内務省カスケード火山観測所を経て，1997年より京都大学大学院人間・環境学研究科教授．日本火山学会理事，日本地質学会火山部会長，気象庁活火山改訂委員，内閣府災害教訓継承分科会委員などを務める．1996年日本地質学会論文賞受賞．2004年日本地質学会優秀講演賞受賞．専攻は火山学，地球科学．理学博士（東京大学）．
http://www.gaia.h.kyoto-u.ac.jp/~kamata/
著書『マグマの地球科学』『地球の歴史（全3巻）』（中公新書）
『富士山噴火』『地学ノススメ』（ブルーバックス）
『成功術　時間の戦略』『世界がわかる理系の名著』（文春新書）
『ラクして成果が上がる理系的仕事術』『京大理系教授の伝える技術』（PHP新書）
『一生モノの勉強法』『知的生産な生き方』『座右の古典』『一生モノの人脈術』『一生モノの時間術』（東洋経済新報社）
『使える！作家の名文方程式』（PHP文庫）
『日本の地下で何が起きているのか』（岩波書店）

理科系《りかけい》の読書術《どくしょじゅつ》
中公新書 *2480*

2018年3月25日発行

著　者　鎌田浩毅
発行者　大橋善光

本文印刷　暁印刷
カバー印刷　大熊整美堂
製　本　小泉製本

発行所　中央公論新社
〒100-8152
東京都千代田区大手町1-7-1
電話　販売 03-5299-1730
　　　編集 03-5299-1830
URL http://www.chuko.co.jp/

Published by CHUOKORON-SHINSHA, INC.
Printed in Japan　ISBN978-4-12-102480-0 C1200

中公新書

知的戦略・情報

n1